MARIE NADEAU • SOPHIE TRUDEAU

Guide d'utilisation et corrigé des exercices de la Grammaire du deuxième cycle

•

Pour apprendre, s'exercer et consulter

GRAFICOR
MEMBRE DU GROUPE MORIN
171, boul de Mortagne, Boucherville (Québec) J4B 6G4
Tél.: (450) 449-2369 - Téléc.: (450) 449-1096
graficor@groupemorin.com

Données de catalogage avant publication (Canada)

Nadeau, Marie, 1958-

Guide d'utilisation et corrigé des exercices de la
Grammaire du deuxième cycle : pour apprendre, s'exercer et consulter

ISBN 2-89242-864-5

1. Français (Langue) - Composition et exercices - Étude et enseignement (Primaire).
2. Français (Langue) - Grammaire - Étude et enseignement (Primaire). 3. Français
(Langue) - Orthographe - Étude et enseignement (Primaire). 4. Français (Langue) -
Grammaire - Problèmes et exercices. 5. Français (Langue) - Orthographe -
Problèmes et exercices.
I. Trudeau, Sophie. II. Titre III. Titre : Grammaire du deuxième cycle.

PC2112.N32 2001 Suppl. 448.2 C2001-941823-X

Guide d'utilisation et corrigé des exercices de la Grammaire du deuxième cycle

Supervision du projet et **révision linguistique**
Mireille Côté

Conception graphique et réalisation
diabolo-menthe

Illustration de la couverture
Robert Dolbec

Nous reconnaissons l'aide financière du gouvernement du Canada
par l'entremise du *Programme d'aide au développement de l'industrie de l'édition* pour nos activités d'édition.

Gouvernement du Québec – Programme de crédit d'impôt
pour l'édition de livres. – Gestion SODEC.

Dépôt légal : 1er trimestre 2002
Bibliothèque nationale du Québec

ISBN 2-89242- 864-5
Imprimé au Canada 3 4 5 6 TN 12 11 10 09 08

Table des matières

1 Démarche générale

1. Présentation du manuel

Le manuel de l'élève est divisé en cinq parties :

1 Comprendre et rédiger les textes *(partie violette)*,
2 Construire et ponctuer les phrases *(partie verte)*,
3 Réussir les accords *(partie bleue)*,
4 Comprendre et écrire correctement les mots *(partie rouge)*,
5 Tes connaissances à ton service *(partie orangée)*.

Les quatre premières parties constituent les activités d'apprentissage et de mise en pratique tandis que la cinquième est un condensé des notions pour la consultation. Les parties sont ordonnées du contenu le plus large, les textes, au plus petit, les mots, pour rappeler qu'on ne fait pas de la grammaire pour la grammaire, ni de la grammaire seulement pour l'orthographe, mais bien pour la communication écrite. C'est peut-être avec surprise que l'élève trouvera, dans un livre intitulé **Grammaire**, des pistes pour organiser ses textes et enrichir ses phrases. Toutefois, la partie la plus développée est consacrée aux règles d'accord, car c'est ce qui s'avère le plus difficile à maîtriser pour l'élève, vu le nombre de notions nouvelles impliquées dans l'application de ces règles.

Dans l'ensemble du manuel, les notions sont organisées de façon à répondre à un besoin, comme l'indiquent les titres des parties. On s'éloigne ainsi des grammaires traditionnelles qui traitent des « parties du discours » l'une après l'autre (le nom, l'adjectif, le pronom, le verbe...). Les notions sont regroupées autour d'un but pour que le scripteur perçoive mieux l'utilité des apprentissages à réaliser. Ainsi, les pronoms (sujets, les seuls au programme du cycle) sont vus à travers la fonction sujet au chapitre 9 sur L'accord du verbe (*p.140-197* de la partie 3 et *p. 265-274* de la partie **Tes connaissances à ton service**). Dans ce chapitre, les apprentissages suivent l'ordre de la procédure qui permet de réaliser l'accord du verbe avec le sujet, soit :

1. des moyens de repérer le verbe conjugué (et de le distinguer du verbe infinitif),
2. des moyens de repérer le sujet (GN ou Pronom), sa personne et son nombre,
3. les finales des verbes selon le temps et la personne pour marquer l'accord.

Les cinq parties distinctes montrent aussi que l'ouvrage, à la fois manuel et grammaire de consultation, n'a pas été conçu pour un usage linéaire, de la première à la dernière page, mais plutôt pour être utilisé de façon modulaire (voir le point 6 du présent guide, à la page 19, sur la Répartition des contenus). Ainsi, il offre une certaine souplesse pour la répartition de la matière dans les deux années du cycle et permet d'aborder certains aspects au moment où ils deviennent particulièrement pertinents, car en lien avec un projet d'écriture.

2. Le manuel du point de vue de l'enseignement

2.1 Les quatre premières parties : pour apprendre et s'exercer

2.1.1 DES ACTIVITÉS D'OBSERVATION - RÉFLEXION GUIDÉE

Les activités d'apprentissage pour apprendre-travailler en profondeur les notions de grammaire, **lorsqu'il s'agit de notions nouvelles** pour l'élève, constituent le cœur de cet ouvrage du point de vue de l'enseignement. Elles sont présentées avec une bande de couleur verticale sur les pages de droite du manuel (*ex. p. 63*).

Ces activités sont conçues pour être réalisées en équipes – du moins en dyades – dans un esprit de coopération et d'échange. Elles se font à l'oral mais souvent un papier brouillon est nécessaire, par exemple pour faire la liste des groupes du nom d'un texte ou pour noter les conclusions de l'équipe (Dis dans tes mots), en attendant une mise en commun en grand groupe – voir ci-dessous, au point 3.2, les explications plus détaillées de la démarche dans ces activités.

2.1.2 DES EXERCICES DE MISE EN PRATIQUE

Les exercices du manuel (présentés dans un cadre de couleur, *ex., p. 65*) à la fin de chaque chapitre ou section de chapitre visent clairement à favoriser le transfert des apprentissages en entraînant l'élève à utiliser une démarche de révision de texte. Pour les accords grammaticaux, l'élève doit laisser des traces d'analyse, ce qui l'oblige à mettre en pratique un raisonnement grammatical complet (*ex. p. 130*). La section 4.4 du présent guide explique ce qui caractérise les exercices du point de vue du transfert.

Les exercices sont prévus pour être faits individuellement, en classe ou en devoir. Toutefois, il peut y avoir interaction avec un coéquipier ou une coéquipière, par exemple lorsqu'on demande aux deux élèves d'une équipe de composer puis de se dicter un texte à tour de rôle (*voir p. 197, n° 7*).

Les exercices proprement dits sont relativement peu nombreux, car il est conseillé de passer à une utilisation pertinente des connaissances grammaticales en production de texte le plus rapidement possible.

2.2 La cinquième partie : une grammaire à consulter

Cette partie d'une cinquantaine de pages, **Tes connaissances à ton service**, est la grammaire proprement dite. Elle présente l'énoncé des notions et règles observées à travers les activités d'apprentissage du manuel, en suivant le même ordre (les textes, les phrases, les accords puis les mots).

Son but final est que l'élève puisse la consulter pour son travail individuel, comme aide-mémoire en révision de texte, pour résoudre une difficulté grammaticale… comme une grammaire. Pour arriver à cette fin, l'élève doit s'approprier le contenu de cette section au fur et à mesure des activités d'observation. Plus elle lui sera connue, plus il lui sera facile de la consulter ensuite sans aide. Il est donc conseillé de consulter la ou les pages pertinentes de cette partie du manuel pour la comparer avec les formulations des élèves en réponse à la consigne Dis dans tes mots dans les activités des parties 1 à 4.

3. Canevas de travail général pour les activités d'apprentissage

Dans les sections qui suivent (3.1 et 3.2), nous décrivons l'organisation générale des 4 premières parties du manuel, puis les différentes rubriques des activités d'apprentissage, avec des exemples.

Les notes pédagogiques plus spécifiques à chaque chapitre seront présentées dans la partie 2 du présent guide, avec le corrigé des exercices.

3.1 Organisation des parties et chapitres

ORGANISATION DES QUATRE PREMIÈRES PARTIES			
PARTIE 1 Comprendre et rédiger les textes	PARTIE 2 Construire et ponctuer les phrases	PARTIE 3 Réussir les accords	PARTIE 4 Comprendre et écrire correctement les mots
Qu'en sais-tu, qu'en penses-tu ? Avant de commencer	Qu'en sais-tu, qu'en penses-tu ? Avant de commencer	Avant de commencer	Qu'en sais-tu, qu'en penses-tu ?
Chapitre 1 Les histoires Chapitre 2 Les textes informatifs Chapitre 3 Les poèmes, les comptines Chapitre 4 Les lettres	Chapitre 5 La phrase déclarative Chapitre 6 Les autres phrases Chapitre 7 Des structures à surveiller	Qu'en sais-tu, qu'en penses-tu ? Chapitre 8 L'accord dans le groupe du nom Qu'en sais-tu, qu'en penses-tu ? Chapitre 9 L'accord du verbe Chapitre 10 L'accord du participe passé	Chapitre 11 Consulter un dictionnaire Chapitre 12 Explorer le vocabulaire Chapitre 13 Les familles de mots Chapitre 14 Des régularités orthographiques

ORGANISATION D'UN CHAPITRE	
Description du contenu	**Rubriques**
Activités d'apprentissage des notions et règles : constituent le contenu principal des chapitres de chaque partie	De ■ Observe … à Dis dans tes mots
Au besoin, dans un chapitre ou section de chapitre	Le mot juste
Au besoin, à la fin d'un chapitre ou d'une section	Récapitule
Activités de mise en pratique	Exercices

3.2 Description des rubriques

3.2.1 QU'EN SAIS-TU, QU'EN PENSES-TU ?

Cette rubrique se trouve au début des parties 1, 2 et 4 sur les textes, la phrase et les mots, et des chapitres 8 et 9 de la partie 3, sur l'accord dans le GN et l'accord sujet-verbe.

Elle sert d'amorce à une discussion en équipe ou en grand groupe pour faire ressortir les connaissances antérieures et faire comprendre le but de toute une partie ou d'un gros chapitre.

Précédant cette rubrique, des informations historiques sur l'écriture ou sur l'orthographe du français viennent piquer la curiosité de l'élève et stimuler son intérêt pour l'étude de la langue (*voir les p. 2, 52-53, 100-101, 140 et 206-207 du manuel*).

3.2.2 AVANT DE COMMENCER

Il s'agit de sections importantes au début des parties 1, 2 et 3 (sur les textes, les phrases et les accords). Elles introduisent des notions générales qui vont servir dans toute la partie. Elles servent aussi à donner une vue d'ensemble à l'élève, ce qui l'aidera à organiser dans sa tête les connaissances spécifiques de la partie ou du chapitre (*voir les p. 3, 53-57 et 94-99 du manuel*). Elles sont présentées avec une bande de couleur horizontale en haut de page.

3.2.3 DE ■ Observe... À Dis dans tes mots : UNE DÉMARCHE EN TROIS TEMPS DANS LES ACTIVITÉS D'APPRENTISSAGE

Les activités d'apprentissage sont des **activités d'observation-réflexion** qui constituent le cœur de cet ouvrage. Elles sont repérables à la bande de couleur verticale sur les pages de droite. Chaque activité est identifiée par un carré de couleur contenant, le plus souvent, une lettre.

Voici des explications sur la démarche.

- Au moment d'aborder une activité proprement dite, faire une mise en situation :
  - Activer les connaissances en posant des questions aux élèves.
  - Replacer l'activité à faire dans la séquence d'apprentissage pour que l'élève sache bien pourquoi il lui faut apprendre la notion, à quoi elle lui servira, où elle se situe par rapport au but poursuivi (par exemple, on apprend à repérer le GN-S pour réussir l'accord du verbe, on apprend à enrichir le groupe du verbe dans la partie 2 car il s'agit d'un moyen de plus pour enrichir les phrases qu'on écrit et ainsi produire de meilleurs textes).
- Pour la grande majorité des activités d'observation-réflexion, on utilise les termes suivants dans **une démarche en 3 temps** :

1er temps

■ Observe... + *titre de l'activité*

L'élève lit les phrases ou exemples qui suivent sur fond jaune.

Les exemples à observer forment autant que possible de courts textes. Ils sont parfois répartis sur les activités d'une section entière : par exemple, le texte qui commence à la *page 149, activité A* se poursuit aux *activités B et C de la page 150*.

Les manipulations sont illustrées par des paires de phrases à comparer mais rien n'est identifié d'avance pour l'élève. Par exemple, à la page 149, les GN-S des phrases ne sont pas mis en évidence par des caractères gras ou autres moyens semblables.

Variantes de cette présentation :

- dans la partie 1 sur les textes, plusieurs observations se faisant sur un même texte, on y réfère sous le titre de l'activité. Le verbe O*bserve* n'est pas utilisé dans ces cas (voir par exemple le *texte 1 aux p. 4-5*, puis le travail sur ce texte aux *points A à E des p. 6, 7 et 8*).

- dans la partie 2 sur les phrases, certains exemples à observer sont dans un cadre sur fond blanc, car la couleur est utilisée pour délimiter des groupes de mots (voir par exemple aux *p. 60 et 61*)

2e temps

Décris, Transforme, Repère, Compare, Classe, Vérifie...

Tout le travail de réflexion guidée que doit faire l'élève se trouve ici, dans des consignes débutant par un verbe en orangé, précisées au besoin par des questions.

Ce travail sera réalisé à l'oral, **en équipes ou en dyades**.

Souvent, au moins un membre de l'équipe devra prendre des notes sur une feuille brouillon. Par exemple, écrire la liste des GV du *texte 2 à la page 63*, en surlignant les expansions obligatoires du groupe (autre possibilité: l'élève recouvre la page d'un transparent et y souligne directement les mots ou groupes qu'il doit repérer).

Voici des verbes fréquemment employés dans les consignes et leur usage le plus courant:

Décris...

Il s'agit de décrire des changements, des différences, une manipulation illustrée dans une paire de phrases, en termes de mots déplacés, effacés, remplacés, ajoutés.

Ce verbe marque le plus souvent le début du deuxième temps de la démarche. Il peut en être le seul. Des questions sous la consigne peuvent préciser le travail d'observation-réflexion (*exemple p.149*).

Transforme...

L'élève doit transformer une phrase, généralement en appliquant une manipulation.

Repère...

Il faut identifier une classe de mots, un groupe...

Classe...

Il s'agit de classer des phrases, des groupes ou des mots dans un tableau selon des critères fournis à l'élève ou à trouver.

Compare...

L'élève compare deux phrases ou deux textes, pour en décrire les ressemblances et les différences.

Prouve ou Vérifie...

Cette consigne est généralement utilisée pour s'assurer qu'une caractéristique ou manipulation s'applique bien – **et s'applique seulement** – à telle classe de mots ou telle fonction... et pas aux autres mots ou fonctions.

Cherche...

Ce verbe est utilisé lorsqu'il faut chercher le sens d'un mot dans le dictionnaire.

3e temps

Dis dans tes mots...

Les élèves formulent en équipe leurs conclusions sur la notion ou la règle observée et en prennent note sur une feuille brouillon pour s'en souvenir jusqu'à la mise en commun.

À ce point de la démarche, procéder à une mise en commun des énoncés des équipes.

Écrire au tableau la formulation d'une équipe, puis discuter en grand groupe de sa précision et de son exactitude en la comparant avec la formulation de quelques-unes des autres équipes, en vérifiant si ce que les élèves ont formulé s'applique bien à l'ensemble des phrases observées.

Modifier l'énoncé au tableau au fil des discussions et des vérifications, jusqu'à satisfaction.

Les élèves doivent ensuite comparer cet énoncé commun avec ce qui est écrit dans la partie **Tes connaissances à ton service.** Les laisser trouver sans aide cette information dans la partie 5, pour que tout le monde apprenne à la consulter. Au besoin, raffiner l'énoncé du tableau s'il manque de précision.

Constitution d'un cahier de grammaire : On peut inviter les élèves à copier la formulation commune du tableau dans un cahier dédié à la grammaire, dont la rédaction s'étalera sur l'année, ou encore, charger une équipe d'en faire une saisie à l'ordinateur, puis la distribuer à tout le monde (pour la classer dans un cahier à anneaux ou un «duo-tang»...).

Pour un travail plus approfondi, en fin de cycle, il est possible aussi de comparer le contenu du tableau avec celui d'une autre grammaire nouvelle pour le primaire : faire rechercher dans cet autre ouvrage où se trouve l'information équivalente.

Remarque : Dans la partie 1 sur les textes, la consigne **Dis dans tes mots** n'est pas systématiquement utilisée pour chaque observation réalisée, puisque parfois :

– le phénomène observé n'est pas une règle à généraliser (*exemple p. 15*),
– le phénomène est expliqué dans l'activité même, et il serait redondant de le faire répéter (*exemple p. 39*).

3.2.4 LE MOT JUSTE

Au besoin, on introduit, dans un encadré, les termes propres à la grammaire (le métalangage) (*voir des exemples de cette rubrique aux pages 110-111, 185 ou 220-221*).

3.2.5 RÉCAPITULE

À la fin d'un chapitre ou d'une section de chapitre, on demande à l'élève de récapituler ce qui a été vu, sous une forme utile, comme une affiche décrivant une procédure, pour faire la synthèse des connaissances nouvelles de la section ou du chapitre.

Cette rubrique peut aussi servir pour la révision en fin de cycle des notions vues l'année précédente (*voir des exemples de cette rubrique aux pages 64, 113, 210*).

3.2.6 EXERCICES

Les pages d'exercices sont présentées dans un cadre de couleur.

Les exercices sont numérotés de la façon suivante :

- **chiffre en couleur [5.]** Ces exercices s'adressent généralement aux élèves de la première année du cycle. Toutefois, lorsqu'un chapitre entier est prévu pour la deuxième année du cycle, cette légende indique alors les exercices les plus faciles.
- **chiffre blanc sur carré de couleur [5.]** Ces exercices s'adressent généralement aux élèves de la deuxième année du cycle.
- **chiffre en couleur entouré d'un carré de couleur [5.]** Ces exercices s'adressent aux deux niveaux du cycle et peuvent même être refaits d'une année à l'autre.

Dans ce manuel, l'élève ne trouvera jamais d'exercice «à trous». De plus, les classes de mots touchées par un exercice ne sont jamais identifiées (pas de gras ni de pointillé, ni de mot entre parenthèses...). Par exemple, la conjugaison pourra être travaillée lors de la transformation de courts textes en changeant la personne ou le temps (*exemples, p. 180, n° 4 ou p. 195, n° 1*).

L'élève devra le plus souvent travailler dans le contexte de phrases et même de textes entiers.

Les exercices font souvent appel à l'imagination dans de courtes situations d'écriture tout en mettant l'accent sur la révision de texte (*exemples, p. 79, n° 3, p. 116, n° 3, p. 197, n° 9*).

Enfin, la révision de texte est également mise en pratique dans des exercices de recherche et de correction d'erreurs directement dans le manuel (*exemple, p. 81, n° 6*)

ou sur un document reproductible annoncé dans le manuel (*exemple, p. 196, n° 6*).

Mentionnons en terminant que les notes pédagogiques spécifiques à chaque chapitre, dans le présent guide, proposent des moyens pour générer rapidement de nouveaux exercices (voir, par exemple, le prolongement suggéré pour l'exercice n° 1 en p. 46).

PRÉPARATION

Il est fortement conseillé aux élèves d'écrire leurs textes à quadruple interligne afin de disposer d'un espace suffisant pour les traces de révision exigées, tant dans les exercices que lors de la révision de leurs propres textes. Pour éviter tout oubli, faire préparer, dès le début de l'année, un transparent à quadruple interligne à glisser sous la feuille du cahier au moment d'écrire.

4. Principes appliqués

Certains principes ont guidé l'écriture de ce manuel. Les recherches sur la motivation, le transfert et la mise en mémoire des connaissances ainsi que la nouvelle grammaire qui provient des acquis de la linguistique nous permettent aujourd'hui de présenter cet ouvrage intitulé **Grammaire du 2e cycle**, qui tente de renouveler à la fois la grammaire et son enseignement.

Toutefois, ce travail n'est pas seulement le fruit de considérations théoriques... Nous savons aussi, par diverses expérimentations menées depuis 6 à 7 ans, et par de nombreuses discussions avec des enseignantes et des enseignants, que ces principes méritent qu'on s'y attarde. Nous ne prétendons pas pour autant que tous les élèves deviendront du jour au lendemain des fanatiques de la grammaire et des pros de l'analyse... En éducation, tout passe par les teintes de gris... mais l'expérience nous a montré que plus d'élèves peuvent devenir des scripteurs plus habiles, et que certains et certaines peuvent même éprouver un intérêt réel pour la grammaire.

Nous présentons brièvement, ci-dessous, les principes qui nous ont guidées et la façon dont nous les avons mis en application.

4.1 La grammaire nouvelle

La grammaire nouvelle offre des possibilités que ne présentait pas la grammaire traditionnelle. Dans la grammaire que nous avons connue, les définitions étaient basées principalement sur des aspects sémantiques (par exemple : *le verbe est un mot d'action, le sujet fait l'action*), comme si les notions grammaticales venaient d'un raisonnement logique et non d'une observation du fonctionnement de la langue. Mais pour être présentée à l'élève, cette logique devait souvent être tordue...

La grammaire nouvelle est basée principalement sur le **fonctionnement morphologique** (la forme des mots, par exemple, les modifications du verbe selon le temps, les modifications de l'adjectif selon le genre et le nombre) **et syntaxique** (la structure des phrases, la position des mots ou des groupes de mots les uns par rapport aux autres) **des constituants de la langue.** Pour apprendre à parler, à produire des phrases à l'oral, on sait que le jeune enfant a dû procéder de manière inconsciente à l'analyse de ces aspects de la langue (ainsi qu'apprendre les mots et leur sens). Pensons par exemple à une phrase comme *Édouard a frappé Adrien*. Pour la comprendre (savoir qui a frappé et qui est la victime), il faut pouvoir interpréter l'ordre des mots. L'enfant qui comprend un tel énoncé a donc inconsciemment la notion de sujet et de complément. La nouvelle grammaire rend ces notions à un niveau conscient en utilisant des moyens très différents de la grammaire traditionnelle.

Les classes (ou catégories) de mots et les groupes de mots (GN, GV...) ainsi que les fonctions (sujet, complément direct...) sont définis selon des caractéristiques morphologiques et syntaxiques qu'on peut observer par des **manipulations précises** qui deviennent autant de **procédures** utiles à l'analyse. Ces manipulations font appel à des structures de la langue connues des jeunes car utilisées aussi à l'oral (évidemment, il faut minimalement savoir parler français pour y recourir, un niveau que les jeunes allophones atteignent aussi après quelque temps en milieu francophone).

La grammaire nouvelle ne nie pas les aspects sémantiques mais elle ne les utilise pas (ou peu), car ils sont moins rigoureux, moins fiables que les caractéristiques morphologiques ou syntaxiques. Donnons ici quelques exemples:

- le mot *course* désigne une action (caractéristique sémantique qu'on observe surtout pour les verbes) mais il s'agit ici d'un nom parce qu'on utilise ce mot avec un déterminant devant: *la course* (ce critère est plus fiable que le raisonnement *«est-ce une chose ou une action?»*);
- on écrit: *Son équipe gagne toujours* avec le verbe au singulier même si le sujet *son équipe* renvoie, pour beaucoup d'élèves, à une notion plurielle. La notion de nom collectif est une notion sémantique abstraite pour un élève du primaire mais on peut attirer son attention sur le fait que le nom *équipe* est singulier parce qu'utilisé avec le déterminant singulier *son* (et non avec un déterminant pluriel comme *ses*).

On peut voir ainsi que dans les relations d'accord, les aspects morphologiques et syntaxiques peuvent renseigner davantage que les aspects sémantiques.

Un autre aspect de la grammaire nouvelle est qu'elle fait ressortir l'**importance des groupes dans la phrase**. Malgré une apparence linéaire (un mot vient après l'autre), la phrase est une structure hiérarchisée, il y a différents niveaux dans la structure d'une phrase: les mots s'organisent en groupes, les groupes s'organisent en phrases (*voir les p. 53-54 du manuel*). Voici une preuve de cette hiérarchie ou de l'existence des groupes: le pronom ne remplace pas un nom seul mais bien tout le groupe du nom (*voir p. 56 du manuel*). Aider l'élève à prendre conscience de ces groupes peut l'aider à construire des phrases correctes mais aussi à améliorer sa **compréhension en lecture** en traitant l'information par groupe de mots (lecture par groupe de mots).

Mentionnons cependant que la nouvelle grammaire peut présenter **certaines difficultés pour l'élève.** À cet âge, il y en a pour qui il n'est pas clair qu'on parle *de* la langue et non de ce à quoi elle réfère.

Ceci n'est pas nouveau; tout enseignant ou enseignante de ce cycle aurait des anecdotes à raconter à ce sujet. Par exemple, une enseignante fait pratiquer à l'oral le féminin des adjectifs, elle dit *mon frère est + un adjectif masculin* et l'élève doit reprendre le même adjectif au féminin dans la phrase *ma sœur est*... Un élève répond *«mais moi, je n'ai pas de sœur»*... Cet élève reste collé à la réalité à laquelle les mots renvoient, il ne comprend pas qu'on puisse travailler sur la langue elle-même, il ne comprend pas ce qu'est la grammaire.

Un autre exemple provenant d'un enseignement de la grammaire traditionnelle: l'élève affirme qu'il n'y a pas de verbe dans une phrase comme *Annie ne chante pas* «parce que l'action ne se fait pas». On voit ici à quel point les définitions à base sémantique n'aident pas l'élève à se détacher de la réalité à laquelle la phrase renvoie.

La grammaire nouvelle et ses manipulations exigent toutefois de l'apprenant qu'il porte un **jugement sur la construction correcte ou non d'une phrase ou d'un groupe de mots** (par exemple, dans le manuel, on utilise la formule *Cela se dit bien/Cela ne se dit pas bien* pour distinguer les bonnes constructions des mauvaises – *voir à la p. 103, section* B, la consigne

Vérifie...). On ne parle pas ici de jugements sur la norme («bon français» versus «français populaire», «joual»), il s'agit plutôt de structures que tout locuteur du français reconnaît comme bien ou mal formée. Les structures mal formées paraissent absurdes, font rire ou encore semblent produites par quelqu'un d'étranger, qui sait à peine parler français. Pour porter ces jugements, un locuteur fait appel à sa grammaire inconsciente, construite lors de l'apprentissage du langage.

Pour certains ou certaines élèves, qui comprennent mal qu'on s'interroge sur la langue elle-même et non sur la réalité à laquelle les mots renvoient, le simple fait de dire ou de lire la structure mal construite les amène à conclure que «cela se dit» puisqu'il est possible de la prononcer (encore plus si c'est l'enseignant ou l'enseignante qui vient de la dire!). Pour ces élèves, cette habileté à juger de la construction d'une phrase se développera peu à peu, à force de modelage (voir le point 5.1 à la p. 13).

Dans le manuel, la grammaire nouvelle est présentée le plus simplement possible. Les manipulations se trouvent souvent sous forme de test utile permettant de résoudre un problème d'analyse (par exemple, tel mot est-il un adjectif?). Les structures sur lesquelles il y a un jugement de bonne ou mauvaise formation à émettre sont des structures bien connues des élèves de cet âge.

De plus, on ne présente pas pour elles-mêmes, de façon abstraite, les manipulations linguistiques (simples: effacement, ajout, substitution, déplacement; ou complexes: encadrement, pronominalisation, qui sont une combinaison de manipulations simples). Ces noms de manipulations sont d'ailleurs peu employés dans les activités d'apprentissage. Nous avons plutôt privilégié, dans les consignes, l'emploi des verbes (*efface*, *remplace*, *ajoute*, *encadre*...). Nous voulons ainsi amener l'élève à utiliser les manipulations de la façon la plus naturelle possible, sans les lui présenter sous une nomenclature qui risquerait de lui paraître compliquée.

4.2 Une démarche de réflexion guidée

Dans un enseignement dit traditionnel, la règle est «donnée» aux élèves, puis expliquée et illustrée par des exemples. Malgré la qualité possible des explications, pour l'élève, c'est comme si un tel enseignement passait trop vite pour être assimilé vraiment, même s'il ou elle croit avoir compris... L'élève ne doit pas se retrouver trop vite en situation d'exercices, sans d'abord travailler à approfondir sa compréhension des notions.

Faisons une analogie avec un documentaire à la télévision. Vous est-il déjà arrivé de regarder attentivement un reportage intéressant sur un sujet que vous connaissiez peu, de tout comprendre, mais d'être incapable de répéter plus du dixième de son contenu à quelqu'un à qui vous en parlez, une heure après l'avoir vu ? L'information nouvelle, donnée à la vitesse du langage oral (même si le support visuel est présent), passe trop vite pour être vraiment traitée et retenue. Une règle de grammaire expliquée clairement par l'enseignant ou l'enseignante à ses élèves aura le même effet... avec souvent l'intérêt en moins...

La démarche inductive permet à l'élève de construire ses connaissances grammaticales en retrouvant peu à peu des règles à partir de l'observation d'une série d'exemples. Cette démarche, qui fait appel à des habiletés cognitives fondamentales comme observer, classer, identifier des caractéristiques communes, est cependant réputée très longue et ardue (voire décourageante), laissant l'impression que l'élève doit réinventer la roue.

La **démarche de réflexion guidée** mise en œuvre dans ce manuel s'inspire d'une démarche inductive mais s'en distingue aussi. Elle s'en rapproche à divers points de vue: à l'aide de l'observation d'exemples, l'élève doit trouver et formuler des règles, des notions grammaticales. Généralement, rien n'est identifié d'avance par des caractères gras et la réponse ne se trouve pas sur la page. Les activités d'apprentissage font aussi appel aux habiletés fondamentales comme classer, identifier des caractéristiques communes. On fait confiance à l'intelligence des élèves pour décrire le fonctionnement de la langue.

Mais la démarche dans ce manuel s'éloigne d'une méthode inductive pure puisque des questions guident la réflexion de l'élève. De plus, les exemples sont présentés chaque fois que c'est possible, parallèlement à d'autres exemples contrastés. L'élève tire profit de ce contraste, car cela l'aide à percevoir ce qui est pertinent pour distinguer une notion des autres notions (voir diverses façon d'exploiter le contraste dans le manuel: *p. 60, 78, 91, 110-111, 141, 148*). Une autre façon d'exploiter le contraste se trouve dans certaines consignes *Prouve* ou *Vérifie* des activités d'apprentissage (*exemple: p. 159*).

Pour l'apprentissage de notions abstraites, il est important de connaître autant ce qu'une notion *est* que ce qu'elle *n'est pas* (exemples positifs et exemples négatifs). Ainsi, pour réussir à distinguer, par exemple, les verbes des autres classes de mots, l'élève doit apprendre à discriminer peu à peu les caractéristiques essentielles des verbes (celles qui les distinguent des autres classes de mots: encadrement par des mots de négation, variation des finales selon le temps, la conjugaison) de celles sans importance (peu importe que l'on encadre le verbe avec *ne ... pas* ou *n' ... pas*).

Une telle démarche d'observation-réflexion exige aussi qu'on y consacre plus de temps que dans un enseignement traditionnel, bien que le guidage permette d'éviter certains détours. Nous pensons que l'élève apprend mieux, retient davantage ce qui vient d'être vu en s'investissant dans la tâche. En y mettant une part de soi-même, l'élève en retire plus de fierté (d'estime de soi) mais surtout, il ou elle a pris le temps de traiter et de classer l'information à son rythme. Le fait de réaliser tout ce travail lui assure une meilleure compréhension d'une notion (grammaticale ou autre) et sa meilleure rétention en mémoire.

Cette démarche nous paraît **essentielle lors d'apprentissages nouveaux et seulement pour les apprentissages nouveaux**. Si les activités d'apprentissage du chapitre 9 sur l'accord sujet-verbe ont été vues en début de cycle, il s'agira, au cours de la deuxième année, de continuer d'exiger l'application de la règle par les traces de révision (*exemple: p. 178 du manuel*). Les activités d'observation-réflexion ne sont pas à recommencer.

On peut se demander si chaque élève s'investira dans cette démarche. Pour des raisons fort diverses, il y a des élèves qui ne fournissent pas toujours l'effort et la concentration nécessaires... (d'ailleurs, n'en est-il pas de même dans les activités habituelles ?). Il faut considérer cela comme un but vers lequel on tend: le travail en dyades (ou en petites équipes, de 4 au maximum) permet à un plus grand nombre d'élèves de s'investir et de trouver les règles sans le découragement qui accompagnerait une réflexion solitaire. Toutefois, les élèves fourniront plus d'efforts que lors d'un enseignement en grand groupe, où seulement les plus rapides trouvent la réponse sans aide, la donnant du même coup aux autres qui n'ont fait d'autre effort que de l'attendre...

De plus, au début, les élèves pourront être déroutés par cette démarche, car, pour la plupart, ce sera la première fois qu'on leur demande une véritable réflexion sur le fonctionnement de la langue. En effet, dans les activités d'apprentissage, on ne vise pas à ce que les élèves trouvent instantanément la bonne réponse mais on cherche plutôt à leur faire prendre le temps de décrire et de se risquer à verbaliser le fruit de leurs observations ... pertinentes ou non, bonnes ou mauvaises. Cette approche est fort éloignée de la pédagogie de la «bonne réponse» où tout est «prémâché», et où souvent la tâche ne présente plus de défi, n'exige presque aucune réflexion. Il faudra donc encourager les élèves à s'exprimer et à éviter de se moquer des réponses de leurs coéquipiers et coéquipières, en les amenant à discuter et à revoir les phrases observées, lorsque des réponses divergent au sein d'une équipe.

4.3 La mise en mémoire des connaissances

Les recherches en psychologie cognitive nous apprennent que plus les informations sont classées, hiérarchisées dans notre tête, plus il est facile de les retrouver pour s'en servir (... la tête bien faite plutôt que la tête bien pleine...). Par exemple, on sait que l'apprentissage de la lecture est facilité pour l'enfant qui, à son arrivée au 1er cycle, possède une idée générale du système d'écriture et a une idée assez juste de la manière dont on peut apprendre à lire. Dans l'apprentissage du décodage, l'élève qui sait déjà qu'il existe des correspondances entre les sons et les lettres comprendra pourquoi l'enseignant parle des lettres ou des sons [ou] dans les mots *poule* et *minou*. Il ou elle saura où classer cette information dans sa tête. Il en ressort ici l'importance des activités de conscience de l'écrit et de conscience phonologique au préscolaire.

De la même manière, pour aider l'élève à classer des informations grammaticales spécifiques, nous avons cherché à lui donner d'abord une vue d'ensemble, des concepts généraux, qui lui permettront ensuite de savoir classer l'information, de la hiérarchiser.

C'est pourquoi les activités présentées sous la rubrique **Avant de commencer** sont importantes.

De plus, le fait de regrouper toutes les activités de grammaire dans un même manuel et selon des buts précis permet d'en mieux percevoir l'organisation. Même si, dans la réalité, le travail sur la grammaire sera entrecoupé d'activités autres, le plan du manuel redonne à l'élève cette vue d'ensemble, lui permettant de se situer dans la séquence d'apprentissage. Il y aura une suite logique dans la séquence des activités de grammaire, puisque l'élève travaillera une règle à la fois, au lieu d'avoir un exercice sur un homophone, suivi de l'apprentissage d'un temps de verbe, puis de la notion d'adjectifs...

Aussi, régulièrement, sous la rubrique **Récapitule**, on demandera à l'élève de faire des tableaux synthèse, d'écrire une démarche qui reprend les notions d'un ensemble d'activités.

Il faudra aussi intervenir périodiquement sur l'organisation des connaissances grammaticales en expliquant pourquoi on travaille telle notion, et où cela s'insère dans la démarche d'écriture ou de révision de texte.

Enfin, plusieurs caractéristiques sont données pour une même classe de mots ou une fonction grammaticale, car il faut un maximum de connaissances autour d'un concept. Des recherches ont montré que plus les «entrées» sont nombreuses dans la mémoire pour un concept, plus il devient facile de s'en souvenir.

Pour aider encore les élèves à créer des liens, nous faisons parfois des analogies (*voir par exemple, les bulles à la p. 111 du manuel*). Il faut encourager les élèves à en proposer de leur cru, créant ainsi leurs propres liens.

4.4 Le transfert

Pour qu'il y ait transfert, l'élève doit pouvoir reconnaître des ressemblances entre la situation d'apprentissage et la situation d'écriture qui lui est proposée. Lorsqu'on parle d'appliquer une règle de grammaire, cela veut dire qu'il ne doit pas y avoir trop d'écart entre les activités d'observation, les exercices et les textes de l'élève, les phrases qu'il ou qu'elle écrit. Ceci engage à revoir autrement la progression des apprentissages, les tâches doivent être d'emblée plus complexes. Si l'élève n'a pas à faire l'effort d'identifier la classe des mots dans ses activités d'apprentissage et ses exercices (car mis en gras, entre parenthèses, ou dans un espace laissé libre), il ne faut pas s'étonner de son incapacité à le faire au moment de la rédaction de ses textes. De même, si les phrases à observer ou celles des exercices sont plus courtes, plus simples que celles de ses écrits, il n'y aura pas de transfert.

Voici les mesures adoptées pour réduire l'écart entre les situations d'apprentissage, les exercices et la révision de texte:

1. Dès le début de l'apprentissage, l'élève observe des notions grammaticales dans des phrases complètes et assez longues, et même très souvent dans des textes.
2. Les exercices amènent progressivement l'élève à réfléchir, à analyser des phrases, tâches proches de l'analyse nécessaire en révision de texte pour réussir à écrire correctement.

3. Les exercices exigent que l'élève laisse des traces de son raisonnement grammatical (*i.e.* de son analyse), comme il faut le lui demander en révision de texte.

4. Des exercices de détection et de correction d'erreurs (présentés dans les documents reproductibles *voir par exemple, p. 131, nº 2 du manuel*) et des exercices de rédaction de minitextes (voir *p. 180, nºs 6 et 7*) rapprochent encore davantage l'élève de la tâche de révision de ses propres textes.

4.5 La motivation

Nous avons voulu que les activités et exercices du manuel tiennent compte de plusieurs facteurs rendant une activité plus motivante pour l'élève.

Le regroupement des notions de grammaire autour d'un but utile au scripteur aideront les élèves à percevoir la **signifiance des apprentissages**. Une planification de la répartition des contenus grammaticaux en lien avec les projets d'écriture (pour les genres de textes, les temps de verbes, certaines structures de phrases...) augmentera encore la perception de cette signifiance.

En présentant plus de **défi** qu'un exercice traditionnel de grammaire, les activités d'observation sont plus motivantes. Pour trouver les règles, formuler les notions, les élèves ont un effort à fournir tout en recevant suffisamment d'aide pour être en mesure de réussir.

La production d'affiches pour la classe (dans les rubriques **Récapitule**) ou la production, dans les exercices, de minitextes qu'on échange entre camarades sont des tâches qui font sortir l'élève du manuel. Il ou elle travaille ainsi pour la classe et non seulement pour le professeur, ce qui augmente la **valeur de la tâche** à ses yeux.

Les activités font **appel à l'intelligence des élèves**. Une attention toute particulière a été portée à la rédaction des textes qu'on trouve dans les activités d'apprentissage comme dans les exercices pour garder l'élève en alerte sur le plan cognitif. En plus d'aborder des sujets susceptibles de les intéresser ou de les faire rire, les phrases présentent toujours une variété de structures et de choix de mots, ce qui rend l'analyse obligatoire, empêchant les réponses mécaniques. Ainsi, les phrases ne commencent pas toujours par le groupe sujet, ces mêmes sujets ne sont pas toujours des noms animés *(le réveille-matin secoue Olivier, ce problème était sérieux...)*, les verbes ne représentent pas toujours des actions visibles *(penser, croire, regretter...)*, les adjectifs ne sont pas toujours des «mots de qualité» (*cyclable, scolaire...*). Cette variété oblige l'élève à poursuivre jusqu'au bout son raisonnement grammatical.

Les activités d'apprentissage et plusieurs exercices mettent l'élève en interaction avec ses pairs. La **possibilité d'échanger** est une source importante de motivation dans l'apprentissage coopératif. Le travail en équipes permet aussi de mieux respecter le **temps** requis à chacun et à chacune pour réaliser la tâche.

Enfin, les capsules historiques en introduction de chaque partie visent à développer un peu plus de curiosité pour la langue elle-même.

Mentionnons cependant un **problème difficile à contourner**. Dans l'enseignement de la grammaire, on peut rendre les activités plus motivantes mais, à la base, il reste un hic: **pourquoi** faire tant d'efforts pour appliquer une règle? On touche ici encore plus profondément à la signifiance des apprentissages aux yeux de l'élève... Il ne faut pas se leurrer, écrire sans fautes est d'abord une exigence sociale... qui paraît arbitraire pour de nombreux élèves. Il faut bien avouer qu'un certain pourcentage de fautes nuit rarement à la compréhension (on parle ici des fautes d'orthographe, des fautes d'accord, et même des constructions de phrases jugées inacceptables à l'écrit mais que les élèves utilisent abondamment à l'oral). Cette pression sociale est difficile à comprendre et à accepter pour beaucoup d'élèves, car elle est presque inexistante dans leur environnement. Respecter l'orthographe et la norme du français est, pour ces élèves, une exigence purement scolaire qui ne correspond pas à leurs propres préoccupations.

Jusqu'à quel point devons-nous transmettre cette hantise de la faute ? Il y a là tout un débat à faire qui dépasse le cadre de cet ouvrage et même de l'école (c'est toute la société qui est impliquée...) Disons simplement que ce serait dommage de la transmettre au point où l'élève s'empêche d'écrire. Il faut viser un équilibre entre le goût d'écrire et l'absence de fautes.

Pour que l'élève comprenne mieux pourquoi écrire sans fautes, la meilleure solution semble encore de lui proposer des situations d'écriture réelles et qui sortent du milieu scolaire le plus souvent possible. Des situations ou projets que les élèves proposent spontanément, des écrits auxquels on assure une certaine diffusion les motiveront également davantage qu'un texte uniquement destiné à l'enseignant ou l'enseignante.

Nous misons aussi sur le fait que l'application des règles devrait requérir de l'élève de moins en moins d'efforts pour l'amener à se plier plus volontiers aux exigences de révision. C'est pourquoi nous préconisons de voir une seule règle d'accord à la fois et de la travailler jusqu'à un bon niveau d'aisance dans l'application en révision de texte avant d'en commencer une autre.

5 Le nécessaire suivi...

Ce qui n'est pas dans le manuel... mais qu'il est important de faire

5.1 Le modelage

L'enseignant ou l'enseignante doit souvent et régulièrement servir de modèle. Il s'agit de verbaliser tout le raisonnement nécessaire pour justifier une analyse grammaticale en utilisant soi-même les manipulations.

Par exemple, imaginons un ou une élève de fin de cycle qui écrit la phrase suivante au tableau :

Au printemps, les glaces du fleuve descende jusqu'à la mer.

On peut verbaliser toute la démarche de révision (rien n'est écrit, tout se passe à l'oral mais on peut écrire ses traces de révision comme le font les élèves). Voici donc ce que pourrait dire un enseignant ou une enseignante :

– Je vais vérifier si le verbe est bien accordé au sujet.

D'abord je trouve le verbe conjugué : je cherche le mot que je peux mettre au passé... *descende*, je peux dire *descendait*...

Je peux aussi ajouter la négation :

les glaces du fleuve ***ne*** *descende* ***pas****...*

J'ai donc deux preuves que *descende* est bien le verbe de ma phrase.

Je cherche maintenant son sujet :

*****C'est*** *au printemps* ***qui*** *les glaces...*

Non ! Cela ne se dit pas, je ne peux pas encadrer ce groupe de *c'est ... qui*

(je pourrais dire c'est *au printemps* <u>*que*</u> *les glaces descendent*... mais pour trouver le groupe sujet, je peux seulement l'encadrer par *c'est ... qui*).

Essayons d'encadrer l'autre groupe :

Au printemps, ***c'est*** *les glaces du fleuve* ***qui*** *descende jusqu'à la mer.*

Hum... il n'est pas tout à fait évident que cela se dise bien; je vais utiliser un autre moyen, le remplacement du groupe par un pronom :

Au printemps, ***elles*** *descende...*

Oui, c'est bien le groupe sujet. Ce GN-S contient deux noms: *glaces* et *fleuve*. J'ai remplacé tout ce groupe par *elles* (pluriel) parce que *glaces* est le nom noyau du groupe, *du fleuve* est une expansion, je peux l'effacer:

*Au printemps, les glaces descend**ent**...*

Le verbe doit donc être à la 3e personne du pluriel, il faut ajouter *-nt* à la fin.

L'enseignant ou l'enseignante corrige alors la phrase.

Les élèves aussi peuvent faire du modelage. Il est important de leur demander fréquemment de justifier leur démarche en verbalisant leur raisonnement (le test ou la manipulation appliquée). Il est tout aussi important de revenir collectivement ou en petits groupes sur les erreurs d'identification et de les expliquer: la manipulation a-t-elle été exécutée correctement? S'agit-il d'une exception? Le travail en coopération se prête bien à ce genre d'exercices; les élèves peuvent discuter en équipes et n'amener devant toute la classe que les cas litigieux.

5.2 Exiger des traces d'analyse en révision de texte

À partir du moment où l'élève a travaillé l'ensemble des notions et procédures nécessaires à l'application d'une règle d'accord, il faut exiger son **application en production de textes**. On ne s'attend pas à ce que l'élève mémorise tout immédiatement mais on s'attend à ce que l'**effort d'analyse requis** pour réussir l'accord soit fait, en consultant sa grammaire au besoin (la partie **Tes connaissances à ton service**, ou encore son propre cahier de grammaire).

Pour s'assurer de cet effort, il faut donc exiger des **traces de révision** qui sont de véritables traces de l'analyse, du raisonnement grammatical. Au début, exiger les mêmes traces que lors des exercices pour, plus tard, ne demander que les résultats de l'analyse (*i.e.* les GN soulignés, le groupe sujet entre crochets avec une flèche jusqu'au verbe conjugué, etc.) sans écrire les preuves au-dessus des mots (comme la négation au-dessus du verbe conjugué).

Ces traces sont beaucoup plus que des «lunettes», car elles empêchent les élèves de fonctionner par stimulus, sans réfléchir («...il y a *les*, je mets un *-s* au mot à côté...»). Les traces, tout en étant simples à écrire, reflètent une analyse complète.

Laisser le temps à l'élève de faire toute cette démarche qui sera longue à exécuter au début, mais se fera de plus en plus rapidement, au fur et à mesure que la procédure s'automatisera.

Convenir d'un code de correction pour signifier une erreur concernant l'application de la règle et évaluer les compétences de l'élève dans ce domaine. Par exemple, on peut commencer en début de cycle, à la suite du chapitre 8, avec ***A-N*** pour une erreur d'*accord du nom*, ***A-D*** et ***A-A*** (*accord du déterminant* et *accord de l'adjectif*) puis en fin de cycle, ces trois codes seront regroupés sous ***A-GN*** pour *accord dans le groupe du nom*.

Pour travailler encore l'habileté de l'élève à détecter ses propres erreurs, il vaut mieux ne pas souligner l'erreur directement sous le mot mais inscrire le code correspondant à l'erreur dans la marge, au niveau de la ligne où se trouve l'erreur.

Savoir moduler les exigences pour épargner le goût d'écrire... Pour éviter que des élèves n'écrivent que le minimum afin d'en avoir moins long à réviser, ce qui signifierait que la tâche les décourage, on pourra fixer des défis différents pour certains groupes d'élèves. Par exemple, exiger une révision avec traces pour seulement 7 ou 8 lignes de leur texte. Des élèves plus rapides pourront servir de réviseur pour compléter le travail devant l'élève moins habile, ce qui constituera du même coup une leçon par le modelage. (On pourrait aussi décider de corriger soi-même la suite du texte de l'élève avant la mise au propre pour diffusion.) Le défi changera d'une étape à l'autre.

Le principe est donc le suivant: au lieu de tolérer un bon nombre d'erreurs (ou d'avoir peu d'attentes) dans l'application de la règle, on tolère peu d'erreurs (car l'élève possède tous les outils pour réussir l'analyse) mais dans une portion de texte d'une longueur raisonnable. On ne fait pas de concession sur le travail d'analyse requis, car lui seul peut mener à long terme à une bonne maîtrise de la règle.

Pour des élèves qui réussissent très bien l'application d'une règle d'accord dans leurs textes, on peut lever l'exigence des traces pour cette règle, tant que dure cette réussite. En cas de retour des erreurs, rétablir l'exigence de traces de révision.

6. Répartition des contenus

6.1 Répartition des activités d'enseignement

Ce matériel permet une certaine souplesse dans la répartition des activités dans le cycle, car nous croyons à l'importance d'adapter son enseignement au groupe d'élèves auquel on s'adresse.

La partie 1 sur les textes devrait avant tout être répartie selon les genres de textes à produire dans les projets d'écriture afin d'assurer la pertinence des apprentissages. Bien qu'une progression des contenus entre les deux années du cycle soit prévue pour les histoires et les textes informatifs, le contenu de ces chapitres pourrait être vu en entier dès la première année du cycle si les besoins d'écriture le justifient. Par exemple, une classe qui mettrait l'accent dans l'année sur la production littéraire pourrait voir tout le **chapitre 1** au cours de l'année. Une autre classe, qui procède à l'observation de la croissance de diverses graines, pourrait voir les textes en séquence dans le **chapitre 2** au moment d'écrire le compte rendu des observations.

La partie 2 sur les phrases est prévue pour être travaillée surtout en deuxième année du cycle. Au cours de la première année du cycle, l'élève ne devrait voir que les divers signes de ponctuation et non les structures. Toutefois, à l'occasion de la préparation d'un sondage ou d'une entrevue, par exemple, il serait alors pertinent de travailler les structures interrogatives. Il peut aussi être pertinent de travailler plus tôt les structures de phrases si la clientèle est majoritairement allophone.

La partie 3 porte sur les règles d'accord. Nous conseillons de commencer en début de cycle par l'accord dans le groupe du nom (**chapitre 8**) et d'attendre une certaine aisance dans son application (c'est-à-dire qu'il y ait réduction du temps de révision) avant de passer à l'accord du verbe (**chapitre 9**). Nous préconisons de voir toute une règle en bloc, en y consacrant une étape entière au besoin et en évitant l'éparpillement par le mélange de chapitres.

Normalement, l'accord du verbe est vu au cours de la première année du cycle mais dans une classe dont la clientèle est en difficulté ou à forte proportion d'élèves allophones (qui doivent avant tout apprendre à parler, construire des phrases et acquérir du vocabulaire) on pourrait décider d'attendre la fin du cycle pour travailler cette règle.

En ce qui concerne les temps de verbes et leurs finales, seul le présent de l'indicatif (et possiblement l'imparfait) devrait être vu en première année du cycle pour ne pas surcharger les élèves à ce niveau (le présent est le temps le plus employé mais ses terminaisons sont complexes). Cela n'empêche pas les élèves d'utiliser d'autres temps à l'écrit. On devra simplement être plus tolérant pour les erreurs d'accord aux temps non vus.

Les chapitres de la partie 4 sur les mots présentent des contenus qui pourraient être travaillés tout au long du cycle si le temps n'était pas un obstacle. C'est pourquoi nous proposons de les répartir sur les deux années:

- première année du cycle, le **chapitre 11** sur le dictionnaire et le **chapitre 14** sur les régularités orthographiques;
- deuxième année du cycle, le **chapitre 12** sur l'exploration du vocabulaire et le **chapitre 13** sur les familles de mots.

Voici, sous forme de tableau, la répartition des contenus, avec le détail des pages concernées et les numéros d'exercices. *Les indications entre parenthèses constituent des suggestions d'enrichissement pour la première année du cycle.*

Contenu		Page	1re année du cycle	2e année du cycle
PARTIE 1 COMPRENDRE ET RÉDIGER LES TEXTES		**2**		
Avant de commencer		**3**	x*	
Chapitre 1	**Les histoires**	**4**	p. 4-8 *(p. 8-10)*	p. 8-15
	Exercices	*16*	nos 1-3	nos 4-7
Chapitre 2	**Les textes informatifs** *Exercices*	**20** *31*	p. 20-25 nos 1-4	p. 26-30 nos 5-7
Chapitre 3	**Les poèmes, les comptines**	**36**	*À répartir selon les projets d'écriture*	
	Exercices	*41*	nos 1 a-c *(nos 3–5)*	nos 3-5 +1 d, 2 et 6
Chapitre 4	**Les lettres**	**44**	*À répartir selon les projets d'écriture*	
	Exercices	*50*	no 1 *(nos 2-5)*	nos 2-5 et 6-7
PARTIE 2 CONSTRUIRE ET PONCTUER LES PHRASES		**52**		
Avant de commencer		**53**		x
Chapitre 5	**La phrase déclarative**	**58**		
	1. Le minimum… dans la phrase déclarative	**58**		x
	2. Les phrases déclaratives que tu écris	**62**		x
	Exercices	65	no 1	nos 2-7
Chapitre 6	**Les autres phrases**	**68**		
	1. La phrase interrogative	**68**	p. 68 *(1 A)* *(p. 69-71)* 1 B-D	p. 69-72
	Exercices	*73*	no 1 *(+nos 2-4 si p.69-71 vues)*	nos 2-9
	2. La phrase exclamative	**76**	p. 76	p. 77
	3. La phrase impérative	**78**	p. 78 A	p. 78 B
	Exercices	79	nos 1 et 6	nos 2-5 et 7-10 *en révision :* nos 11-13
	4. Les phrases à la forme positive ou négative	**84**	p. 84	p. 85-86
	Exercices	87	no 1	nos 2-3

*Un x indique que toute la section est à travailler.

Contenu		Page	1re année du cycle	2e année du cycle
Chapitre 7	**Des structures à surveiller**	**88**		
	1. La phrase à plusieurs verbes conjugués	**88**		x
	2. L'énumération dans une phrase	**90**	(x)	x
	Exercices	92	(*nos 4-5*)	nos 1-5
PARTIE 3 RÉUSSIR LES ACCORDS		**94**		
Avant de commencer		**95**	x	
Chapitre 8	**L'accord dans le groupe du nom**	**100**	x	
	1. Repérer le groupe du nom	**102**		
	1.1 Le nom	102	x	
	1.2 Le déterminant	106	x	
	1.3 L'adjectif	110	x	
	Exercices	114	nos 1-4 et 6-8	nos 5 et 9
	2. Les marques d'accord dans le groupe du nom	**119**		
	2.1 Le genre masculin ou féminin des noms et des adjectifs	119	x	
	2.2 Le nombre singulier ou pluriel des noms et des adjectifs	124	x	
	Exercices	130	nos 1-6	no 7
	3. L'accord dans le GN : des cas difficiles	**134**	p. 134-135 (*3 A*)	p. 134-137
	Exercices	138	no 1	nos 1-3
Chapitre 9	**L'accord du verbe**	**140**	x	
	1. Repérer le verbe	**141**	x	
	Exercices	145	nos 1-6	no 7
	2. Repérer le sujet	**148**		
	2.1 Le sujet : un groupe de mots	148	x	
	2.2 Reconnaître le GN-S	149	x	
	Exercices	152	x	
	2.3 Reconnaître le pronom sujet	154	x	
	Exercices	160	nos 1 et 3-4	nos 2 et 5-6
	3. Repérer le verbe et le sujet : des cas difficiles	**164**	(x)	x
	Exercices	168	(*au moins nos 1 et 4 si section vue*)	nos 1-9
	4. Écrire sans faute la terminaison du verbe	**171**	x	
	4.1 Le présent de l'indicatif	172	x	
	Exercices	178	nos 1 et 3-7	nos 2 et 8-10
	4.2 L'imparfait de l'indicatif	182	(x)	x
	4.3 Le passé composé de l'indicatif	184		x
	4.4 Le futur simple de l'indicatif	186		x
	4.5 Le conditionnel présent de l'indicatif	188		x
	4.6 Le futur proche de l'indicatif	190		x
	4.7 Le présent du mode impératif	191		x
	Exercices	195		nos 1-9

Contenu	Page	1re année du cycle	2e année du cycle
Guide p. 106 à 110 — Le présent du subjonctif			x
Exercices			x
Le participe présent			x
Exercices			x
Chapitre 10 L'accord du participe passé	**198**		x
Exercices	203		x
PARTIE 4 COMPRENDRE ET ÉCRIRE CORRECTEMENT LES MOTS	**206**	x	
Chapitre 11 Consulter un dictionnaire	**208**	x	
Exercices	211	nos 1-4 et 6	no 5
Chapitre 12 Explorer le vocabulaire	**214**	(x) *au moins A*	x
Exercices	218	*(nos 1-5) au moins no 1*	nos 2-5
Chapitre 13 Les familles de mots	**220**	*(1 et 3)*	x
Exercices	225	*(no 1)*	nos 1-7
Chapitre 14 Des régularités orthographiques	**227**	x	
Exercices	231	nos 1-4	nos 5-6
PARTIE 5 TES CONNAISSANCES À TON SERVICE	**Voir les pages correspondant aux activités d'observation, au fur et à mesure qu'elles sont travaillées.**		

6.2 Suggestion de planification par étapes de l'année scolaire, pour tout le cycle

Les parties 2 et 3 du manuel présentent des contenus qui, pour la plupart, sont à répartir dans le cycle sans être reliés nécessairement à un projet d'écriture précis (sauf les temps de verbes), car il s'agit de règles à appliquer ou de structures de phrases qui se trouvent dans de nombreux genres de textes, voire chaque fois qu'on écrit. Nous proposons de voir jusqu'au bout tout ce qui concerne une règle d'accord, sans l'entrecouper d'activités de grammaire qui concerneraient d'autres aspects.

Les contenus des parties 1 et 4 peuvent être répartis de manière plus souple. Nous recommandons de les travailler plutôt lors des périodes de suivi pour les règles d'accord et les structures de phrases, lorsqu'il n'y a pas d'apprentissages nouveaux dans ce domaine. La partie 1 sur les textes devrait toujours être en lien avec un projet d'écriture (ainsi que les divers temps de verbes vus en fin de cycle). On pourrait davantage morceler les activités des chapitres dans la partie sur les mots.

Contenus à planifier selon les projets d'écriture au cours de la première année du cycle:

- PARTIE 1 (**les textes**)
  Répartir les contenus de début de cycle selon le genre de texte à produire dans un projet (un genre par étape).
- PARTIE 4 (**les mots**)
  Le chapitre 12: voir peut-être le point A seulement (*La constellation de mots*) en lien avec la préparation d'un projet sur un thème.

Contenus à planifier selon les projets d'écriture au cours de la deuxième année du cycle:

- PARTIE 1 (**les textes**)
  Répartir les contenus de fin de cycle selon le genre de texte à produire dans un projet.
- PARTIE 2 (**les phrases**), CHAPITRE 6
  - Section 1, *Les phrases interrogatives*: à travailler lors de la préparation d'une entrevue ou d'un questionnaire pour un sondage;
  - Section 3, *Les phrases impératives*: à travailler lors de la préparation d'un texte prescriptif (à jumeler à la conjugaison à l'impératif présent, *partie 3, chapitre 9, section 4.7*).
- PARTIE 3 (**les accords**), CHAPITRE 9
  Sections 4.2 à 4.7, *Les temps de verbes autres que le présent de l'indicatif*:
  - 4.2 et 4.3, *L'imparfait et le passé composé*, en lien avec l'écriture d'un récit au passé.
  - 4.5, *Le conditionnel*, en lien avec les genres suivants:
    - la description d'un monde imaginaire (par exemple: *Les enfants se brancheraient à l'ordi pour apprendre...*);
    - un poème en *Si...*
    - une lettre «polie» où on demande quelque chose[1] (adressée par exemple à la directrice: *Ce serait intéressant si... Il faudrait plus de jeux...*);
  - 4.4 et 4.6, *Le futur simple et le futur proche*[2], en lien avec des projets tels que:
    - la description du futur...;
    - la rédaction d'un plan d'action.
  - 4.7, *Le présent de l'impératif*, en lien avec des textes comme des modes d'emploi, des notices de montage, des recettes de cuisine (à jumeler avec les structures de phrases impératives, *partie 2, chapitre 6, section 3*).

---

1. L'écriture d'une telle lettre peut aussi être l'occasion de voir le ***présent du subjonctif*** à utiliser dans des structures comme *il faudrait que vous changiez le règlement...que vous permettiez les casquettes...*
2. Le futur proche apparaissait comme temps à l'étude dans la version provisoire du programme disponible au moment de la parution du manuel (printemps 2001).

Répartition des contenus des parties selon les étapes scolaires*		
Étape scolaire	**Parties 2 (*les phrases*) et 3 (*les accords*)**	**Parties 1 (*les textes*) et 4 (*les mots*)**
Première année du cycle: *Étape 1*	• 1re moitié de l'étape: Observer les élèves en écriture: leur capacité à se corriger en orthographe d'usage et à faire l'accord dans le groupe du nom; leur recours à une méthode de révision... • 2e moitié de l'étape: – Au besoin, la négation pour identifier le verbe conjugué dans la phrase, p.140-141**. – **Partie 3: Avant de commencer** et chapitre 8.1: sections 1.1 *Le nom* et 1.2 *Le déterminant*.	• **Partie 1:** Contenu à planifier selon un projet d'écriture. • **Partie 4**, chapitre 14. Permet à l'élève de s'initier à la démarche.
Étape 2	• 1re moitié de l'étape: Terminer **chapitre 8**, **section 1.3** *L'adjectif* et **section 2** *Les marques d'accord* (section 3) • 2e moitié de l'étape, *suivi*: Exiger des traces de révision pour l'accord dans le GN en production, roder l'analyse, acquérir de la vitesse...	• **Partie 1** Contenu à planifier selon un projet d'écriture. • **Partie 4**, chapitre 11.
Étape 3	Toute l'étape: **Chapitre 9** sur l'accord sujet-verbe: **sections 1**, **2**, (3), **4.1** (4.2) *Note:* Si l'accord dans le GN demande encore beaucoup de temps et d'efforts aux élèves, retarder d'un mois – voire davantage, le travail sur l'accord du verbe.	**Partie 1:** Contenu à planifier selon un projet d'écriture.
Étape 4	• *Suivi*: Exiger des traces de révision pour l'accord dans le GN et l'accord sujet-verbe.	**Partie 1:** Contenu à planifier selon un projet d'écriture.

*Les indications entre parenthèses sont des ajouts possibles.

**Le repérage du verbe conjugué à l'aide de l'encadrement par *ne... pas* (sans aller jusqu'à l'accord) est une aide à la ponctuation générale. Son repérage sert aussi à éliminer certaines ambiguïtés (mots employés tantôt comme un nom, tantôt comme un verbe: *la fête, il fête*...), facilitant ainsi l'accord dans le groupe du nom (voir notes du présent guide, à la page 72).

Répartition des contenus des parties selon les étapes scolaires		
Étape scolaire	**Parties 2 (*les phrases*) et 3 (*les accords*)**	**Parties 1 (*les textes*) et 4 (*les mots*)**
Deuxième année du cycle *Étape 1*	• 1re moitié de l'étape : Observer les élèves en écriture, leur habileté en révision pour l'accord du GN et l'accord du verbe; au besoin, revoir les traces et les moyens en consultant la Partie 5 et en les appliquant par le modelage. • 2e moitié de l'étape : les sections n° 3 des chapitres 8 et 9 sur les cas difficiles.	• **Partie 1 :** Contenu à planifier selon un projet d'écriture. • **Partie 4 :** chapitre 12.
Étape 2	• 1re moitié de l'étape : – **Partie 2 : Avant de commencer,** chapitre 5, chapitre 7. – **Partie 3 :** Temps de verbe en lien avec projet d'écriture. • 2e moitié de l'étape : – **Partie 3 :** Temps de verbe en lien avec projet d'écriture. – **Partie 2 :** Chapitre 6 section 1 sur les interrogatives, ou autre section si plus pertinent.	• **Partie 1 :** Contenu à planifier selon un projet d'écriture. • **Partie 4**, chapitre 13.
Étape 3	• 1re moitié de l'étape : – Chapitre 10 sur l'accord du PP. • 2e moitié de l'étape : – **Partie 3 :** Temps de verbe en lien avec projet d'écriture. – **Partie 2 :** Chapitre 6 sections 2 et 3 ou section 4.	• **Partie 1 :** Contenu à planifier selon un projet d'écriture.
Étape 4	• Partie 3 : Temps de verbe en lien avec projet d'écriture. • Partie 2 : Terminer le chapitre 6 • Le participe présent.	• Partie 1 : Contenu à planifier selon un projet d'écriture.

Tableau des savoirs essentiels

Le tableau qui suit présente les savoirs essentiels tels que formulés dans la version approuvée du programme du MEQ, en fonction du ou des chapitres qui en traitent dans le manuel.

Toutes les connaissances liées à la phrase et aux accords sont traitées dans la ***Grammaire du deuxième cycle*** ou dans le présent guide.

De nombreuses connaissances liées au texte sont également abordées, surtout celles auxquelles les élèves devront faire appel pour écrire. Il s'agit souvent de connaissances qui transcendent les divers genres de textes, comme la prise en compte des éléments de la **situation de communication** et la prise en compte d'éléments de **cohérence**. Nous abordons également plusieurs **structures de textes**, les plus fréquentes, sans toutefois refléter toute la variété des genres de textes que l'élève devrait rencontrer en lecture.

Les connaissances liées au vocabulaire et à l'orthographe des mots ne peuvent être traitées entièrement dans le cadre d'un manuel pour l'apprentissage de la grammaire; cependant, les chapitres de la partie 4 fournissent des outils précieux pour l'exploration du vocabulaire et l'utilisation du dictionnaire, en plus de suggérer quelques stratégies pour l'orthographe d'usage.

Puisque cette ***Grammaire du 2e cycle*** se veut le plus possible **en lien avec l'écriture**, **certaines stratégies, notamment de révision et de correction** sont abondamment **mises en pratique dans le manuel.** Toutefois, les stratégies de lecture et d'écriture ne sont pas toutes présentes, puisqu'elles doivent se réaliser dans le cadre de vrais projets de lecture et d'écriture.

Enfin, ce tableau fait état des éléments du manuel qui correspondent aux **savoirs** du programme. À l'occasion, **certaines activités** peuvent être considérées comme de l'**enrichissement** ou de la **consolidation**. Par exemple, la reprise de l'information par un terme générique (nommé «mot englobant» dans le manuel) est abordée aux chapitres 2 et 12 sans apparaître dans le tableau. Par ailleurs, l'ordre alphabétique, déjà vu au 1er cycle, est mis en pratique dans les exercices du chapitre 11 pour que l'élève acquière une certaine rapidité dans la recherche de mots du dictionnaire.

Savoirs essentiels – 2e cycle

	Partie 1				Partie 2			Partie 3			Partie 4				Partie 5
	Chap. 1	Chap. 2	Chap. 3	Chap. 4	Chap. 5	Chap. 6	Chap. 7	Chap. 8	Chap. 9	Chap. 10	Chap. 11	Chap. 12	Chap. 13	Chap. 14	
Connaissances liées au texte															
• **Exploration et utilisation d'éléments caractéristiques de différents genres de textes**	x	x	x	x											x
• **Exploration de quelques éléments littéraires à des fins d'utilisation ou d'appréciation**															
– Thèmes et sous-thèmes		x													x
– Personnages (aspect physique, traits de caractère, rôle, importance, actions)	x														Annexe
– Temps et lieux du récit	x														x
– Séquence des événements	x	x													x
– Expressions, jeux de sonorités et autres figures de styles			x												x
• **Exploration et utilisation de la structure des textes**															
– Récit en trois temps (début, milieu, fin)	x														x
– Récit en cinq temps (situation de départ, élément déclencheur, péripéties, dénouement, situation finale)	x														x
– Répétitions avec ajout cumulé de nouveaux éléments															
– Un sujet central subdivisé en différents aspects		x													x
– Alternance ou opposition d'éléments															
– Configuration de schémas, tableaux, encarts (encadrés)		x										x			x
– Marques du dialogue (deux points, tirets, guillemets)	x														x
• **Prise en compte des éléments de la situation de communication**															
– Intention	x	x	x	x											x
– Destinataire		x		x											x
– Contexte	x	x	x	x											x
– Registre de langue				x		x					x	x			x

	Partie 1				Partie 2			Partie 3			Partie 4				Partie 5
	Chap. 1	Chap. 2	Chap. 3	Chap. 4	Chap. 5	Chap. 6	Chap. 7	Chap. 8	Chap. 9	Chap. 10	Chap. 11	Chap. 12	Chap. 13	Chap. 14	
• **Prise en compte d'éléments de cohérence**															
– Idées rattachées au sujet	x	x	x	x											x
– Pertinence et suffisance des idées	x	x		x	x										x
– Regroupement par paragraphes	x	x		x											x
– Déroulement logique et chronologique	x	x													x
– Emploi des principaux temps verbaux (passé/présent/futur)						x			x						x
– Principaux connecteurs ou marqueurs de relation	x	x					x								x
– Reprise de l'information en utilisant des termes substituts	x	x			x				x			x			x
Connaissances liées à la phrase															
• **Reconnaissance et utilisation des groupes qui constituent la phrase**															
– Groupe sujet, groupe du verbe (groupe verbal)					x				x						x
• **Reconnaissance et utilisation de plusieurs types et formes de phrases**															
– Types déclaratif, interrogatif, exclamatif et impératif						x									x
– Formes positive et négative						x									x
• **Recours à la ponctuation**															
– Point					x	x									x
– Point d'interrogation, point d'exclamation						x									x
– Virgule (*dans les énumérations, pour encadrer ou isoler un groupe de mots, pour juxtaposer des phrases ou des groupes de mots*)					x		x								x
• **Reconnaissance et utilisation des fonctions syntaxiques**															
– Sujet					x				x						x
– Groupe du verbe					x										x

Savoirs essentiels – 2e cycle (suite)

	Partie 1				Partie 2			Partie 3			Partie 4				Partie 5
	Chap. 1	Chap. 2	Chap. 3	Chap. 4	Chap. 5	Chap. 6	Chap. 7	Chap. 8	Chap. 9	Chap. 10	Chap. 11	Chap. 12	Chap. 13	Chap. 14	
• **Accords dans la phrase**															
– Sujet/verbe (accord du verbe en nombre et en personne avec son pronom-sujet ou son groupe-sujet transformé en pronom)									x						x
– Marques de la conjugaison des verbes inclus dans les mots fréquents aux modes et temps utilisés à l'écrit:															
– Indicatif présent, passé composé, futur simple, imparfait, conditionnel présent; subjonctif présent[1]									x						x
– Impératif présent									x						x
– Participe présent[2] et passé										x					x
• **Reconnaissance et utilisation du groupe du nom**															
– Groupe du nom (groupe nominal)					x			x							x
– Nom précédé d'un déterminant					x			x							x
– Nom seul ou pronom					x			x							x
• **Accords dans le groupe du nom**															
– (Dét. + Nom)								x							x
– (Dét. + Nom + Adj.), (Dét. + Adj. + Nom)								x							x
– Fonctionnement des accords en genre et en nombre des noms et des adjectifs (y compris les participes passés employés comme adjectifs)								x		x					x
• **Exploration et utilisation du vocabulaire en contexte**															
– Mots variés, corrects, précis, évocateurs liés aux thèmes abordés en français et dans les autres disciplines											x	x			x
– Termes utilisés pour consulter des outils de référence (*ex.: index, table des matières, mots-clés, bibliographie, fichier*)											x				x

1. Le subjonctif est traité entièrement dans le guide
2. Le participe présent est traité entièrement dans le guide

	Partie 1				Partie 2			Partie 3			Partie 4				Partie 5
	Chap. 1	Chap. 2	Chap. 3	Chap. 4	Chap. 5	Chap. 6	Chap. 7	Chap. 8	Chap. 9	Chap. 10	Chap. 11	Chap. 12	Chap. 13	Chap. 14	
– Termes liés au monde du livre et de la littérature (*ex.: auteur, illustrateur, livre, recueil, chapitre, page de garde, couverture, quatrième de couverture, collection, éditeur, année de publication, dédicace*)	x														
– Vocabulaire visuel constitué de mots fréquents et utiles															
– Formation des mots (base, préfixe, suffixe)													x		x
– Formation des temps de verbes (radical + terminaisons)									x						x
– Expressions figées, expressions régionales, expressions courantes, sens commun et sens figuré des mots												x			x
– Termes liés à la construction des concepts grammaticaux et à utiliser en situation de travail sur la langue	Le métalangage est utilisé partout dans l'ouvrage.														
• **Utilisation de l'orthographe conforme à l'usage**	Il revient aux enseignants et enseignantes de choisir les mots d'orthographe les plus couramment utilisés par leurs élèves.														
– Marques du genre et du nombre des noms et des adjectifs inclus dans ces mots fréquents								x							x
– Majuscule en début de phrase et aux noms propres		x			x			x							x
STRATÉGIES[3]															
STRATÉGIES D'ÉCRITURE															
• **Stratégies de planification**															
– Penser au destinataire du texte à produire				x											
– Évoquer un contenu possible (exploration et choix des idées).	x	x	x	x											
– Anticiper le déroulement ou l'organisation du texte.	x	x	x	x											
– Dresser une carte d'exploration, un croquis, un schéma, un plan sommaire ou toute autre forme de support pertinent		x										x			
• **Stratégies de révision**															
– Repérer les passages à reformuler.	x	x		x											

3. La liste qui suit regroupe les stratégies qui sont traitées dans l'ouvrage, surtout dans les exercices.

Savoirs essentiels – 2e cycle (suite)

	Partie 1				Partie 2			Partie 3			Partie 4				Partie 5
	Chap. 1	Chap. 2	Chap. 3	Chap. 4	Chap. 5	Chap. 6	Chap. 7	Chap. 8	Chap. 9	Chap. 10	Chap. 11	Chap. 12	Chap. 13	Chap. 14	
– Réfléchir à des modifications possibles.	x	x		x											
– Lire oralement son texte à une ou plusieurs personnes, ou leur demander de le lire, afin d'obtenir des suggestions d'amélioration.	x	x	x	x											
– Modifier le texte en recourant aux opérations syntaxiques.	x	x	x	x	x										
• **Stratégies de correction**															
– Inscrire, s'il y a lieu, des marques, des traces ou des symboles pouvant servir de rappel ou d'aide-mémoire.								x	x	x					
– Recourir à une procédure de correction ou d'autocorrection.					x	x	x	x	x	x				x	
– Consulter les outils de référence disponibles.	x	x	x	x	x	x	x	x	x	x	x	x	x		
– Recourir à un autre élève ou à un adulte.					x	x	x	x	x	x				x	
STRATÉGIES DE LECTURE															
• **Stratégies de gestion de la compréhension**															
– Explorer la structure du texte pour orienter la recherche de sens.	x	x	x	x											
– Survoler le texte pour anticiper son contenu (titre, illustrations, intertitres, sections).	x	x	x	x											
– Identifier les mots auxquels renvoient les pronoms, les synonymes et les autres termes substituts.	x	x	x	x											
– Évoquer les liens établis par les connecteurs ou marqueurs de relation rencontrés dans le texte.	x	x			x		x								
TECHNIQUES															
• **Utilisation de manuels de référence**															
– Utilisation des indications et abréviations fournies pour trouver diverses informations dans un dictionnaire, une grammaire, des tableaux de conjugaison.	À divers endroits dans l'ouvrage, on invite les élèves à faire des recherches.														

2 Notes pédagogiques et corrigé des exercices

Légende

Les pictogrammes apparaissant en marge du texte de cette partie renvoient aux pages du manuel :

→ p. xx englobe un chapitre ou une section en entier,

➤ → p. xx précède une note ponctuelle concernant une activité particulière.

PARTIE 1
Comprendre et rédiger les textes

Cette partie, qui comprend les quatre premiers chapitres du manuel, initie l'élève à quelques genres de textes en faisant observer des caractéristiques comme leur organisation générale, l'utilisation de mots substituts, les marqueurs de relation et autres éléments, selon les genres observés. Nous voulons ainsi amener l'élève à lire un texte non seulement pour le comprendre mais aussi pour *voir comment il est construit*. Une telle «lecture» d'un texte est pertinente seulement lorsque l'élève se prépare à en écrire un du même genre. C'est pourquoi **toutes les activités de cette partie devraient être reliées à un projet d'écriture** même si elles peuvent aussi contribuer à une meilleure compréhension en lecture.

➤ → p. 2

Qu'en sais-tu, qu'en penses-tu ?

Les élèves seront sans doute surpris par cette expression «grammaire du texte», car, dans leur esprit, le mot *grammaire* réfère seulement aux règles de l'orthographe, aux accords, tandis que l'écriture d'un texte relève davantage de leur imagination, de leur créativité pour exprimer des idées...

Faire comprendre aux élèves qu'en grammaire du texte, il ne s'agit pas de «règles strictes» comme pour les accords, mais qu'il est possible d'observer des régularités donc des «règles» dans la façon de construire un genre de texte.

Ces règles peuvent ainsi être suivies... avec une certaine souplesse... Pour écrire un texte, l'auteur ou l'auteure joue souvent avec les «règles» du genre... pour créer, pour surprendre le lecteur ou la lectrice... Il est important de connaître ces règles avant... pour mieux jouer avec ensuite !

➤ → p. 3

Avant de commencer

Cette activité doit amener l'élève à prendre conscience qu'on peut traiter d'un même sujet (ici: *le chat*) dans des genres de textes très différents. Il faut donc regarder autre chose que le sujet pour identifier le genre d'un texte.

De plus, l'élève doit se rendre compte de la variété des situations d'écriture (*qui écrit, pour qui* et *pourquoi ?*): un ou une auteure écrit pour une variété de destinataires (*une personne, un groupe, que l'on connaît personnellement ou non*) pour toutes sortes de raisons (*informer, prendre contact, divertir...*).

Chapitre 1 Les histoires

Des activités désignées par les lettres *A* à *D* ou *E* suivent la lecture de chacun des trois textes du chapitre. Le texte n° 3, *Ma mère est une sorcière*, est normalement à réserver pour la deuxième année du cycle.

Dans le cadre des activités du chapitre, les élèves observeront des caractéristiques communes à plusieurs genres de récits. Plus tard dans leur scolarité, on leur présentera, à partir de cette base, des caractéristiques particulières à des genres plus précis (comme le récit historique, le récit d'aventures, la fable, etc.).

→ p. 8

E L'usage du pronom *il*

Les conclusions de cette activité ne figurent pas à la partie 5, *Tes connaissances à ton service*. Nous avons abordé ces usages plus ou moins clairs du pronom *il* et donné les raisons de cette clarté, car le texte 1, *Timadou et le dragon*, s'y prêtait bien.

Voici ces conclusions :

Utiliser un pronom comme *il* ou *elle* est une autre façon de ne pas répéter le nom d'un personnage. Mais attention lorsqu'il y a plusieurs personnages !

Timadou court dans sa chambre. **Il** cherche son épée ...

Timadou prend l'épée en or et court dehors. Furibond le dragon est dans la cour du château. **Il** a douze têtes qui crachent du feu... **Il** est énorme...

Timadou court vers le dragon, son épée en avant. Le voilà à deux pas du dragon. **Il** lui perce le pied et aussitôt le dragon se transforme en pierre, comme une statue gigantesque dans la cour du château.

Imagine que cette phrase vient du texte :

~~« Timadou court vers le dragon, son épée en avant. **Il** lui perce le pied et aussitôt **il** se transforme en pierre. »~~

Des usages clairs

- Ici, le pronom *Il* désigne Timadou, on vient de le nommer dans la phrase qui précède.
- Dans cet extrait, le pronom *Il* désigne Furibond le dragon. C'est aussi de lui qu'on parle dans la phrase qui précède.

Un usage moins clair

Dans la phrase qui précède ce pronom *Il*, Timadou et le dragon sont ensemble ! Qui est *Il* ? C'est seulement en lisant la suite qu'on peut être certain qu'il s'agit de Timadou. S'il était écrit : *Il lui crache du feu*, on déduirait alors que ce *Il* désigne le dragon.

Sans être une erreur, ce serait plus clair de répéter *Timadou*, le lecteur comprendrait plus vite.

Une erreur à éviter

Deux pronoms *Il* l'un après l'autre, le premier désigne Timadou, le deuxième, le dragon ?

Rien ne va plus !!

Quand le pronom *il* est utilisé plusieurs fois de suite, il doit conserver le même sens.

Le pronom *il* peut désigner un autre personnage si cet autre personnage est nommé juste avant.

→ p. 14

C Les mots qui marquent le temps

Après avoir rempli le tableau, faire repérer d'autres mots et expressions qui marquent le temps dans d'autres textes, les ajouter à cette « banque ».

→ p. 15

D L'usage du pronom *je*

E L'usage du pronom *vous*

Dans ces activités, les élèves prendront conscience des nombreuses possibilités de sens d'un même pronom dans un texte, tout en conservant sa clarté grâce à divers procédés. Comme pour le pronom *il* au texte 1, ces observations sont trop liées au texte 3, *Ma mère est une sorcière,* pour se trouver consignées dans la section *Tes connaissances à ton service.*

Voici ces observations :

D. L'usage du pronom *je*

Dans le texte *Ma mère est une sorcière,* le pronom *je* désigne souvent Pirella mais, parfois, il désigne la mère sorcière ou encore la maîtresse ! Voici comment on comprend quand même de qui il s'agit.

Je = Pirella

Je m'appelle Pirella. (paragr. n° 1)

J'étais vraiment embêtée parce que moi, **je** l'aime bien ma maîtresse ! (p.12, 1er paragr.)

Dès le début de l'histoire, quand Pirella se présente, on sait qu'elle raconte sa propre histoire.

L'auteure, Agnès Bertron, fait semblant d'être Pirella, et raconte l'histoire en disant «je», comme si Pirella elle-même parlait.

Je = la mère sorcière

Hier, Maman est allée voir ma maîtresse.

– Mademoiselle Yoyo, vous devriez parler des sorcières en classe ! **Je** suis sûre que les enfants adoreraient ça ! (p.11, 3e paragr.)

Ce sont les paroles que dit la mère à la maîtresse.

Ce qu'elle dit commence par un tiret.

---

je = la maîtresse

La cloche a sonné. [...] Mademoiselle Yoyo a tapé dans ses mains.

– En rang les enfants !

Ce matin, **je** vais vous raconter des histoires de sorcières, vraiment extraordinaires ! (p.13, dernier paragr.)

Ce sont les paroles de la maîtresse, Mademoiselle Yoyo.

Ce qu'elle dit commence par un tiret.

E. L'usage du pronom *vous*

Dans le texte *Ma mère est une sorcière,* on trouve aussi le pronom *vous* qui désigne les lecteurs, la maîtresse, la mère sorcière ou les élèves ! Voici comment on comprend quand même de qui il s'agit.

vous = les lecteurs du texte

Je m'appelle Pirella et si **vous** voulez une preuve de l'existence des sorcières, la voilà : ... (p.11, 1er paragr.)

L'auteure parle directement aux lecteurs dans l'introduction, on ne peut comprendre ce *vous* autrement.

---

vous = la maîtresse

Hier, Maman est allée voir ma maîtresse.

– Mademoiselle Yoyo, **vous** devriez parler des sorcières en classe ! (p.11, 3e paragr.)

La mère parle à la maîtresse, elle lui parle avec politesse, en utilisant *vous.*

➛

vous = la mère sorcière

Mademoiselle Yoyo, qui ne savait pas à qui elle avait à faire*, a ri en plissant les yeux:

– **Vous** savez bien que les sorcières n'existent pas ! (p.11, 4e paragr.)

La maîtresse répond à la mère, elle utilise aussi le *vous* de politesse.

---

vous = les élèves de la classe de Pirella

La cloche a sonné. [...] Mademoiselle Yoyo a tapé dans ses mains.

– En rang les enfants !

Ce matin, je vais **vous** raconter des histoires de sorcières, vraiment extraordinaires ! (p.13, dernier paragr.)

* On écrit plus couramment «avoir affaire», en ce sens.

La maîtresse parle à ses élèves.

LES HISTOIRES
Corrigé des exercices, p.16-19

\+ SUGGESTION D'EXERCICE POUR RECONNAÎTRE LA MANIÈRE DE RACONTER UNE HISTOIRE

Trouver une courte histoire vécue ou imaginaire dans un livre ou dans un manuel scolaire. Demander aux élèves si l'histoire est vécue ou imaginaire (Les élèves expliquent leur réponse.) et de quelle manière elle est racontée (*L'auteur est-il ou non un personnage de l'histoire ? Raconte-t-il ce qui lui est arrivé ? Au contraire, raconte-t-il l'histoire comme s'il l'avait vue dans un film ?* Les élèves justifient leurs réponses à l'aide d'une ou deux phrases.).

Cet exercice peut être repris avec différents textes.

1. *Réponse:* 6-2-4-3-1-5

2. NOTES

- Faire remarquer qu'on n'a pas besoin d'un verbe introducteur de parole à chaque réplique.
- Inviter les élèves à lire leurs textes à la classe. Dans le cas d'une version erronée, discuter des indices à percevoir dans le texte pour attribuer les paroles aux personnages adéquats.

SUGGESTION

Cet exercice se ferait idéalement à l'ordinateur. Afin d'éviter le recopiage, le texte serait saisi ainsi que les expressions à ajouter. Les manœuvres à maîtriser sont simples: revenir à la ligne, ajouter un tiret, copier et coller aux endroits appropriés les expressions qui introduisent les paroles des personnages. L'élève n'aurait ensuite qu'à imprimer sa version.

3. NOTES

- Préciser aux élèves qu'il leur suffit d'écrire les trois expressions demandées comme réponse à cet exercice. Pour éviter de faire recopier le texte, l'écrire au tableau et faire une correction collective. Demander à un ou une élève de venir y faire ses modifications pour remplacer l'expression *Émile l'ourson*. Lire le texte à la classe. Demander ensuite si on arrive à bien comprendre de qui on parle tout au long de l'histoire. Refaire la même chose avec d'autres élèves qui auraient des suggestions différentes.

- L'idée de l'ourson qui refuse d'hiberner est empruntée à une légende de Félix Leclerc.

EXEMPLES DE RÉPONSES

Il, l'ourson, Émile, le petit curieux, son bébé, son fils, le petit, l'animal, la bête…

4 **Je m'**ennuie : **j'en ai** assez de garder un vieux trésor au fond d'une grotte sombre. Depuis que **je suis** tout petit, **je** rêve de jouer de la clarinette. Malheureusement, chaque fois que **je** souffle dans le bel instrument, **je** l'enflamme ! Comment pourrai**s-je** régler mon problème ? **Je n'ai** qu'à changer d'instrument. **Je** jouerai du triangle…

5 a) Parties présentes :

- le début de l'histoire (on présente les personnages : Clara et son chien) : de *Clara* à *personne* (les 3 premières lignes)
- le problème (la maison est en feu avec le chien dedans) : de *Un jour* à *flammes* (les 4e et 5e lignes)
- la résolution du problème (accepter aussi : la fin de l'histoire) : de *Grâce* à *Valentin* (dernière ligne)

Il manque les épisodes.

b) EXEMPLE DE RÉPONSE

- *Premier épisode* :
  Clara lance des cailloux pour casser la fenêtre, mais cela ne fonctionne pas.
- *Deuxième épisode* :
  - (*Il arrive du nouveau dans l'histoire*) : Clara aperçoit au loin Salvatore à qui elle n'a jamais osé parler. Malgré sa gêne, Clara lui fait des grands signes et lui demande de l'aider à sauver son chien.
  - (*Nouvelle tentative pour régler le problème*) : Ensemble, ils lancent une lourde pelle dans la fenêtre où attend Valentin. Cette fois, ça y est le carreau est fracassé. Clara court prendre un drap qui séchait sur la corde à linge de sa voisine et, avec l'aide de Salvatore, elle le tend pour que Valentin puisse sauter dedans.

PROLONGEMENT

Demander à des élèves d'une autre classe de lire les épisodes ci-dessus et de les mimer. Les élèves qui forment le « public » écriront ensuite le texte d'après ce qui a été mimé.

6 Il était une fois un petit chaperon vert qui aimait beaucoup sa grand-mère. **(1) Depuis qu'il est tout petit**, il pense à elle tous les jours. **(2) Hier**, il a décidé d'aller lui porter du chocolat. Il a enfourché sa trottinette, **(3) puis** il a traversé la ville. **(4) Chaque fois qu'il se rend chez sa grand-mère**, il repense à la forêt pleine de grands méchants loups où habitait **(5) autrefois** sa mamie. Il est bien soulagé que sa grand-mère ait déménagé **(6) au printemps dernier** !

(7) En cours de route, le petit chaperon vert a faim et mange le chocolat. **(8) Arrivé chez sa grand-mère**, il apprend qu'elle est partie pour l'après-midi. Il l'attend un peu et va chercher d'autre chocolat. **(9) Quand sa grand-mère revient chez elle**, une double surprise l'attend : son petit chaperon vert adoré et du chocolat sucré.

SUGGESTION

Pour une correction en grand groupe, écrire le texte au tableau avec les trous nécessaires, un ou une élève y écrit ses réponses. On discute du résultat : la séquence est-elle logique ? d'autres élèves ont d'autres réponses ? …tout aussi bonnes pour la logique du texte ? Expliquer les erreurs éventuelles des élèves.

7 *EXEMPLE DE RÉÉCRITURE*

1. Laurent et le petit Thomas font voler leurs cerfs-volants. **Le petit** fait un faut mouvement. Les cerfs-volants se croisent, s'emmêlent et, à la fin, **Laurent** se fâche.
2. Agathe parle avec son père.
   — J'ai un beau bulletin, **annonce Agathe**.
   — Je vois cela ! **répond le père**.
   — J'ai amélioré mes résultats en mathématique.
   — Je pense que tu mérites une récompense.
   — Chic alors ! Je pourrais inviter Julie à souper ? **demande la fillette**.

SUGGESTION

Demander aux élèves de former une équipe avec deux ou trois camarades. Ensemble, ils et elles évaluent si les solutions trouvées sont bonnes.

Chapitre 2 Les textes informatifs

Ce chapitre aborde deux genres de textes informatifs: les **constellations** et les **séquences**. Tous les textes qui présentent des informations selon divers aspects d'un même sujet ou thème ont une organisation en constellation. Les textes expliquant un phénomène qui se déroule dans le temps ont une organisation en séquence.

→ p. 24

D Le rôle des illustrations

Séparer la classe en deux groupes et assigner un texte à chaque groupe (texte 1, *Le chat*, ou texte 2, *À chacun sa méthode*), ou encore, laisser les équipes choisir leur texte mais en s'assurant que les deux textes sont «choisis» par un nombre suffisant d'élèves. La discussion qui suivra sera plus intéressante, car les groupes arriveront sans doute à des conclusions différentes...

Retour en grand groupe

Faire comprendre aux élèves que le besoin d'illustrations dépend de l'information connue et inconnue du lecteur: dans *Le chat*, les images sont superflues, car un ou une élève d'ici connaît bien cet animal et les mots qui le décrivent (moustaches, griffes...) mais un extraterrestre pourrait ne pas savoir... Dans le texte 2, *À chacun sa méthode*, on a sans doute besoin de l'image pour comprendre que le percnoptère d'Égypte est une sorte d'oiseau... mais pour un Égyptien...

→ p. 24

E L'organisation des idées

Il peut paraître surprenant que l'organisation des idées aborde les parties introduction et développement mais pas la conclusion. C'est parce que les textes informatifs modernes n'en ont tout simplement pas ! Comme nous voulions faire observer de vrais textes aux élèves et que nos recherches furent vaines pour trouver un texte avec conclusion dans des collections récentes pour élèves de cet âge, nous n'avons pas voulu en rajouter «artificiellement». Il s'agit là d'une influence venant d'Internet: avec les liens hypertextes, la lecture est de moins en moins linéaire. Les temps changent, l'organisation des textes aussi !

1. L'introduction

Laisser les élèves remarquer ce qu'ils et elles peuvent... quitte à revenir à un autre moment à l'observation de l'introduction d'autres textes. Au 3e cycle et au secondaire, l'étude de l'introduction se fera de façon plus approfondie; il s'agit ici seulement de sensibilisation.

REMARQUES POSSIBLES

- *L'introduction est plus ou moins longue. Elle donne l'idée générale du texte (en plus complet que le titre).*
- *On veut donner le goût de lire: par exemple quand on dit que le chat a des armes pour chasser... On peut annoncer ce qu'on va dire: par exemple, «Voyons chaque étape...».*

Pour aider les élèves, leur demander de s'imaginer en train de composer l'introduction d'un texte informatif sur les rongeurs. En prenant comme modèle les introductions des textes 1 ou 2, à quoi ressemblerait leur texte? Les inviter à écrire pour vrai cette introduction en dyade avant de revenir en plénière sur ce que doit contenir une bonne introduction.

Ou encore:

- Recopier une introduction de texte informatif rédigée par un ou une élève (en prenant un projet en cours ou un travail d'une année antérieure...), la comparer à celles des textes 1 et 2: *Annonce-t-elle ce dont on va parler dans le texte? Donne-t-elle le goût de continuer la lecture, parce qu'elle intrigue, fait appel à notre curiosité...?*
- Retravailler cette introduction en équipe ou en grand groupe pour l'améliorer (s'il s'agit d'un projet en cours, les autres élèves auront ensuite des pistes pour améliorer leur propre introduction ... et celui ou celle dont le travail vient d'être fait peut s'adonner à une activité gratifiante en retour du courage manifesté en se soumettant à la critique...)

2. Le développement

Pour identifier le développement, chaque élève ou équipe continue d'observer le texte «choisi» ou assigné au point 1 sur l'introduction.

Pour mieux faire comprendre le schéma en marguerite et le fait que, dans ce genre de texte, l'ordre des parties n'a pas d'importance, faire l'analogie avec le jeu qui consiste à effeuiller la marguerite en disant, à chaque nouveau pétale, *je t'aime... un peu, beaucoup, passionnément, à la folie, pas du tout...*: on commence à enlever les pétales à partir de n'importe où. Dans un texte organisé en constellation, on peut lire les paragraphes du développement dans des ordres différents.

➤ → p. 28

B L'organisation des idées

NOTE

Le texte 3, *De l'œuf au poussin,* présente des évènements en ordre chronologique; ce texte a une organisation en séquence. Il existe d'autres genres de textes comme les modes d'emploi, les consignes de bricolage, les recettes de cuisine qui ont aussi une organisation en séquence, tout en présentant des caractéristiques particulières en ce qui concerne la structure de phrase: on y trouvera souvent des phrases impératives ou infinitives... Ce chapitre ne traite pas spécifiquement de ces genres mais rien n'empêche de faire le lien avec cette organisation des idées si l'occasion se présente.

➤ → p. 29

C Les mots qui marquent le temps

Retour en grand groupe

Tout le monde a-t-il relevé les mêmes expressions? Quelles sont les différences? Quelles expressions sont précises (ex.: *Au 13e jour*), moins précises (ex.: *Tout au long de son travail, Quelques semaines après leur naissance...*) Ces dernières risquent d'être moins souvent repérées par les élèves.

Comparer ces marqueurs de temps à ceux identifiés dans les récits: Dans quel genre de texte le temps est-il indiqué de manière plus précise? Pourquoi?

➤ → p. 30

D Les mots substituts

Attirer l'attention des élèves sur les changements de déterminant souvent nécessaires quand on utilise un terme générique («un mot au sens plus général»), par exemple: *le chat* devient ***ce** félin* et non *un félin* (qui pourrait laisser entendre qu'il s'agit de n'importe quel félin, pas seulement les chats).

LES TEXTES INFORMATIFS
Corrigé des exercices, p.31-35

1. *Réponse:* C

SUGGESTION

Demander aux élèves d'expliquer pourquoi tel titre a été choisi et les autres, rejetés.

PROLONGEMENT

Faire le même exercice avec le texte suivant:

Un vélo est fait de centaines de pièces fabriquées avec différents matériaux. Le cadre et la fourche sont faits d'un alliage d'acier et de chrome. La selle est recouverte de vinyle. Les pneus sont en caoutchouc. Les câbles de frein sont en acier recouvert de plastique.

A. Comment assembler un vélo
B. Les matériaux d'un vélo
C. Le vélo, mon activité préférée
D. Rouler sur deux roues

Réponse: B

2. *EXEMPLES DE TITRES*

a) Les plus grandes toiles d'araignées, Des toiles géantes …

b) L'odorat du requin, Le requin, un nez fin !

c) La plus grosse planète, Jupiter la géante

SUGGESTION DE RETOUR SUR L'EXERCICE

Pour chaque texte, discuter de la pertinence de quelques titres suggérés par les élèves lors de la correction en classe (celui qui décrit le mieux ce qu'on dit dans le texte, le titre le plus accrocheur…)

3. *EXEMPLE DE RÉPONSE POUR LE PÉTALE 4 DU SCHÉMA*

Sa nourriture:
– se nourrit à la surface de l'eau ou sous l'eau,
– plantes aquatiques,
– graines,
– herbes,
– petits organismes aquatiques,
– insectes.

EXEMPLE DE TEXTE COMPLET POUR LES 3 ÉTAPES DE L'EXERCICE

Le canard colvert

Un des plus beaux canards est le colvert. Il est très répandu au Québec. Sa queue est blanche, ses pattes orangées et il a quelques plumes au reflet bleu sur l'arrière des ailes. Apprends un peu à le connaître.

Reconnaître le mâle colvert
Le mâle colvert a la tête d'un beau vert luisant, le bec jaune éclatant et un collier blanc. Son dos est grisâtre et sa poitrine est brune.

Reconnaître la femelle colvert
La femelle est moins spectaculaire que le mâle. Elle a un plumage tacheté brun et blanc et un bec brun avec des taches orangées.

Son habitat
Le colvert vit dans les marais, les marécages boisés, les champs de céréales, les étangs, les lacs et les rivières.

Sa nourriture
Il se nourrit à la surface de l'eau ou sous l'eau. Il mange des plantes aquatiques, des graines, des herbes, des petits organismes aquatiques et des insectes.

4. *Réponse :* B

SUGGESTION

Faire discuter les élèves sur ce qu'est une bonne ou une mauvaise introduction à partir des trois introductions présentées ici.

5 a) Le cycle de l'eau

b) 1. L'évaporation
2. La condensation
3. Les précipitations

c) *EXEMPLE DE SCHÉMA REMPLI*

Le cycle de l'eau

Wagon 1	*Wagon 2*	*Wagon 3*
L'évaporation – chaleur du Soleil – eau des océans, des lacs, des fleuves devient vapeur d'eau – vapeur monte – racines pompent l'eau du sol – feuilles rejettent vapeur d'eau	**La condensation** – beaucoup de vapeur d'eau – température de l'air baisse en altitude : vapeur d'eau = fines gouttelettes = nuages	**Les précipitations** – brouillard, pluie, neige = retour de l'eau au sol – pluie se déverse surtout sur les océans – eau sur Terre ruisselle et s'écoule vers la mer – eau en ville rejoint les égouts et retourne vers les cours d'eau.

NOTE

Lorsque la séquence recommence, ce qui est le propre d'un cycle, le schéma peut alors prendre la forme d'un cercle comme le montre le schéma ci-contre :

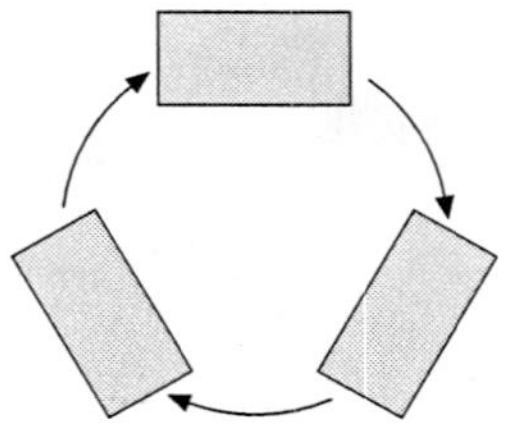

6 *Réponses :* l'animal, l'oiseau

7 *EXEMPLE DE RÉÉCRITURE*

De l'œuf à l'abeille

L'abeille a d'abord été un œuf… Découvre les étapes qui lui permettront de devenir un bel insecte producteur de miel.

Au bout de trois jours / Trois jours plus tard, une petite larve en forme de ver sort de l'œuf. C'est une vraie gloutonne. Des abeilles la nourrissent plus de 1000 fois par jour.

Trois jours plus tard / Au 6e jour, la larve a 500 fois le poids de l'œuf et elle occupe toute sa cellule.

Le 9e jour / Neuf jours après la ponte de l'œuf, des abeilles enferment la larve dans sa cellule. Un bouchon de cire emprisonne la larve.

Entre le 10e et le 15e jour / Pendant les six jours suivants, isolée dans sa cellule, la larve tisse un cocon de soie. Ensuite, elle devient une nymphe.

Pendant les six derniers jours de son développement / Entre les jours 16 et 21, la nymphe se transforme en abeille.

Le 21e jour / Au bout de trois semaines / Trois semaines après la ponte de l'œuf, une abeille parfaitement formée perce le bouchon de cire de sa cellule. **L'insecte** consacrera les six premiers jours de sa vie au ménage des cellules et des rayons.

SUGGESTION DE RETOUR EN GRAND GROUPE

Écrire diverses propositions d'élèves, discuter d'un choix adéquat selon la clarté des expressions et leur variété (pas toujours: *Le 3e jour, Du 10e au 15e jour*, mais aussi parfois, si cela reste clair: *Trois jours plus tard, Pendant la dernière semaine*).

Chapitre 3 Les poèmes, les comptines

Ce chapitre présente une variété de poèmes et comptines. C'est justement cette diversité de *façons de faire* que les élèves observeront ici… Tout est plus libre en poésie, même la ponctuation !

➤ → p. 36

Pour entrer en contact avec les six poèmes et comptines du chapitre, lire soi-même aux élèves tous les textes en y mettant des intonations variées pour leur plus grand plaisir… L'occasion leur sera donnée d'en faire autant au cours des activités !

SUGGESTIONS POUR LA LECTURE DES POÈMES ET COMPTINES

1. *Le chat et le soleil*: Voix douce, prendre un ton différent dans les 4 dernières lignes.
2. *Kaléidoscope*: Ton émerveillé, varier le débit d'une ligne à l'autre.
3. *Chanson pour les enfants l'hiver*: Lire les vers répétés (en caractères gris) comme un écho ou en chuchotant (ton de la confidence).
4. *Le poisson rouge*: Accompagner la lecture de gestes.
5. *Une maison d'or*: Voix douce, débit assez lent puis plus rythmé pour les 3 dernières lignes (*Tic et tac* …).
6. *En voyage*: Très rythmé, voix d'une personne pressée, énervée… Marcher dans tous les sens en lisant ce texte.

➤ → p. 38

A Ce qu'on dit dans un poème ou une comptine

«**Lis** le texte choisi.»

Laisser les équipes choisir leur texte en s'assurant que chaque texte est retenu au moins par une équipe… ou diviser la classe en six et assigner un texte à chaque groupe.

Faire une mise en commun: un ou une élève de chaque groupe pourra relire le texte «choisi» avant d'expliquer les conclusions de son équipe.

Autre possibilité: Toutes les équipes travaillent sur le même texte. L'activité sera reprise pour les autres textes.

➤ → p. 40

E Ce qui rime

«**Donne** des exemples de rimes...»

Au besoin, aider les élèves en leur suggérant de relire le texte 4. Préciser qu'il s'agit de chercher des exemples et pas nécessairement de trouver des rimes dans tout le poème.

→ p. 40

F Comment sont organisées les rimes

«**Compare** les rimes dans les textes *Le chat et le soleil* et *Une maison d'or*.»

Au besoin, si les élèves ne trouvent rien, poser des questions plus précises:

– Quel mot rime avec *soir*? Avec *réveille*?

– Où est situé ce mot?

LES POÈMES, LES COMPTINES
Corrigé des exercices, p.41-43

1. a) Des yeux gris de brouillard

b) Les rimes alternent comme ceci: [u]-[orte]- [u]-[orte] (abab).

2 a) 1. Le vent qui mord
2. Le vent qui défait tes cheveux
3. Le vent qui vire tout à l'envers
4. Qui éparpille nos adieux
Aux quatre coins de l'univers

b) Dans les lignes 2 à 5, les sons sont répétés deux par deux (aabb).
Dans les lignes 6 à 9, les sons alternent (abab).

3 SUGGESTION

Demander aux élèves de lire leur poème à leur équipe ou à toute la classe.

PROLONGEMENT

Faire écrire d'autres poèmes en modifiant l'organisation des rimes, les sons qui se répètent, la longueur, etc.

5 SUGGESTION

Proposer d'organiser une semaine de la poésie. Dans les livres de la bibliothèque, faire trouver des poèmes à recopier et à illustrer.

Faire copier:
– des textes avec des rimes (faire surligner d'une même couleur les sons qui se répètent);
– des textes avec une structure qui se répète (identifier la structure en la soulignant);
– des textes avec des expressions imagées (à faire souligner).

Afficher les poèmes dans la classe, dans le couloir ou à la bibliothèque.

6 NOTE

Cet exercice fait réviser les notions du chapitre.

a) On raconte l'histoire du soleil qui ne veut pas se coucher (et des éléments qui arriveront à le faire dormir...)

b) À un enfant gâté. Parce que le soleil fait le capricieux, comme un enfant gâté.

c) On peut imaginer que les deux sont blancs et moelleux.

d) Un édredon d'étoiles.

SUGGESTION

Ajouter la question suivante pour terminer la révision :

e) Décris comment les rimes sont organisées.

Les sons alternent, par exemple, au paragraphe 3 : [anche], [ière], [anche], [ière]. D'un paragraphe à l'autre, ce sont des sons différents qui alternent.

PROLONGEMENT

Faire écrire un poème semblable au « coucher » du soleil mais sur le « lever » du soleil, à partir du début suivant :

Le « lever » du soleil
Ce matin, le soleil
Ne veut pas se lever
Il a trop sommeil,
C'est un enfant fatigué.

Préciser un nombre de lignes : 4 à 8 avec rimes.

Demander d'utiliser au moins une expression imagée (en reprenant possiblement celles du texte *Le « coucher » du soleil*).

Chapitre 4 Les lettres

Afin d'encourager la correspondance scolaire, voici un site de correspondance entre écoles (site existant au moment d'aller sous presse) :

http://www.lescale.net

→ p. 48

A Des lettres à toutes les sauces

SUGGESTION

Chaque équipe devrait se partager les lettres pour répondre aux questions *Qui ? À qui ? Pourquoi ?*, puis remplir un seul tableau.

Autre possibilité

Assigner une ou deux lettres par équipe puis faire une mise en commun au tableau.

MISE EN COMMUN

Poser les questions suivantes pour animer la discussion :

– Parmi toutes ces lettres, lesquelles ont été écrites par un groupe de personnes ? par une seule personne ?
– Quelles lettres sont destinées à une seule personne ? à plusieurs personnes à la fois ?
– Quelles lettres sont destinées à une ou des personnes qu'on ne connaît pas personnellement ? Comment le sais-tu ?

→ p. 48

B L'organisation des idées

Compare les parties C des lettres 5, 6 et 7.

- **À quoi sert cette partie de lettre ?**
- **Qu'est-ce qu'on y écrit ?**

Faire remarquer aux élèves, lors de la mise en commun, que cette partie C est absente de la lettre 4 (celle de Madani). Leur demander pourquoi, à leur avis, cette partie C (la salutation) est absente dans cette lettre. Les amener à réfléchir à la situation qui a pu mener à écrire cette lettre :

– Semble-t-elle envoyée à quelqu'un en particulier ?

– La lettre décrit l'école au Niger : où a-t-on trouvé cette lettre ?

Laisser les élèves faire des hypothèses avant de leur expliquer que cette lettre vient d'un journal pour jeunes dans lequel plusieurs enfants de pays différents décrivaient leur école.

Amener une page de journal (un quotidien) sur laquelle on trouve le courrier des lecteurs pour montrer que les lettres sont signées mais sans salutations.

➤ → p. 49

D Comment employer le style qui convient

– L'utilisation de *nous* et de *on*

PROLONGEMENT

Discuter de la pertinence du *on* dans la lettre 4… qui contient aussi du *nous* ! Est-ce acceptable parce que les destinataires sont des enfants ? Remplacer tous les *on* par *nous* ferait-il trop lourd ? Employer le style qui convient n'est pas toujours facile ! Ce qui choque une personne peut être convenable pour une autre !

LES LETTRES
Corrigé des exercices, p.50-51

1. Étape 1

NOTES

– Lancer cette étape quelques jours avant la suite de l'activité.

– Exemples de lettres : cartes postales, cartes de souhait ou invitation, lettre circulaire de l'école, d'une banque, ou invitation à participer à un tirage…

– Insister pour que l'enfant obtienne la permission d'un adulte de chez lui avant d'apporter une lettre en classe.

Étape 2

c) NOTE

Classer ces formules de salutation dans deux colonnes comme en *b*.

PROLONGEMENT

Choisir 4 ou 5 lettres apportées par les élèves, les copier pour la classe et demander aux élèves de remplir un tableau comme celui de la leçon : *Qui écrit ? À qui ? Pourquoi ?*

2. *Réponses :* 1-d; 2-a; 3-b; 4-c

3. NOTE

S'assurer de la présence des parties 2, 3 et 4 d'une lettre. → p. 241

4. NOTE

S'assurer de la présence de toutes les parties d'une lettre. → p. 241

5. *EXEMPLE DE RÉPONSE*

Passage à modifier	Proposition de correction
Salut !	Madame
on fait	nous faisons
S'il te plaît, pourrais-tu	S'il vous plaît, pourriez-vous
Bye !	Merci et au revoir.

6 *EXEMPLE DE RÉÉCRITURE*

Madame,

Vous me demandez si j'aime ma nouvelle école. Pas beaucoup. Je trouve qu'il y manque des activités parascolaires comme le soccer, la musique et le bricolage. S'il vous plaît, pourriez-vous organiser quelques activités pour vos élèves ?

Merci de votre collaboration.

Pat, élève de la classe 3C

PROLONGEMENT

Proposer une lettre formelle que les élèves pourraient transformer en lettre informelle.

7. NOTE

S'assurer de la présence de toutes les parties d'une lettre.

PROLONGEMENT

Écrire en équipe à un organisme pour demander de l'information liée à un projet de classe.

PARTIE 2
Construire et ponctuer les phrases

Autant il est facile de repérer une phrase en lecture (par la majuscule et le point), autant la construction et la ponctuation des phrases sont difficiles à maîtriser en écriture.

Cette partie est normalement prévue pour être travaillée en deuxième année du cycle. L'élève doit connaître la fonction sujet (dans le cadre de l'accord sujet-verbe au chapitre 9) avant de commencer cette partie du manuel.

➤ → p. 53

Qu'en sais-tu, qu'en penses-tu ?

«Sais-tu distinguer une phrase bien construite d'une phrase mal construite ? Donne des exemples.»

Relever les exemples au tableau, en deux colonnes :

Phrases bien construites	Phrases mal construites

Écrire 4 à 5 phrases dans chaque colonne.

Au besoin, demander aux élèves de ressortir d'anciennes productions écrites et d'y rechercher des phrases bien et mal construites (erreur de syntaxe ou de construction). Tenter d'expliquer les mauvaises constructions et demander de les corriger (les exemples ci-dessous pourront être utiles). Toutefois, il arrive que l'erreur ne s'explique pas, tellement la phrase a besoin d'être reformulée.

Voici quelques exemples de phrases mal construites[1] pour diverses raisons :

* C'était dans maison. (...dans **la** maison.)

Il s'agit d'une construction orale qu'on n'accepte pas à l'écrit.

* Le matin, j'ai entendu des gouttes d'eau ont commencé à tomber sur la fenêtre. (...j'ai entendu des gouttes d'eau. **Les gouttes / Elles / qui** ont commencé à tomber...)

Deux phrases sont imbriquées l'une dans l'autre (le groupe de mots de la fin de l'une sert de début à l'autre).

* Je nerveuse car j'ai peur pour mon père. (Je **suis** nerveuse...)

Il manque un mot dans la phrase.

* J'étais très inquiet parce que je pensais de mourir. (...je pensais mourir.)

Un mot est en trop (sous l'influence de l'oral ?).

* On avait peur et angoissé. (... et on **était** angoissés.)

L'élève utilise un mot dans un contexte syntaxique inadéquat. Il peut s'agir d'un mot récemment acquis, rare dans le vocabulaire de l'élève.

Je suis gentille avec mes parents. * Parfois je m'entends pas avec mes amies, et parfois méchante avec mon frère.

Pour corriger cette phrase, on pourrait ajouter des mots :
...et parfois **je suis** méchante...

1. Par convention, le symbole * au début d'une phrase indique une erreur de syntaxe. Toutefois, dans le manuel de l'élève, nous avons préféré faire une croix sur toute la phrase pour rendre l'erreur de construction plus évidente, plus visible pour l'élève.

mais on pourrait aussi déplacer tout un groupe:

Je suis gentille avec mes parents **et parfois méchante avec mon frère.** Parfois je **ne** m'entends pas avec mes amies.

Terminer la discussion en annonçant aux élèves que les activités de la partie 2 leur permettront de corriger plusieurs erreurs de construction.

➤ → p. 55

2. L'organisation générale d'un groupe

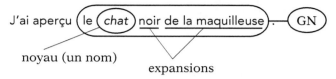

J'ai aperçu (le (*chat*) noir de la maquilleuse). — (GN)

noyau (un nom) — *chat*

expansions — noir, de la maquilleuse

Précision à apporter seulement aux élèves qui se questionnent: le déterminant est aussi une expansion dans le groupe du nom mais elle est obligatoire (sauf dans quelques structures).

Chapitre 5 La phrase déclarative

→ p. 58-59

1. Le minimum... dans la phrase déclarative

À la fin de l'activité, montrer aux élèves que la recherche des deux groupes aurait permis de corriger une phrase comme:

* Le matin, j'ai entendu des gouttes d'eau ont commencé à tomber sur la fenêtre.
(On a un groupe du verbe sans groupe sujet.)

➤ → p. 61

C Observe le minimum dans le groupe du verbe

NOTE

Ce sont surtout les élèves allophones qui omettent un complément obligatoire dans un groupe du verbe. Pour bien connaître un verbe, il leur faut apprendre non seulement son ou ses sens, mais aussi les compléments qui peuvent ou qui doivent l'accompagner.

Exemples

mettre
on met la table
on met une robe, un chandail (un vêtement)
on met son jouet dans l'armoire (mettre quelque chose quelque part)

manger
on mange trop, on mange beaucoup, on mange souvent
on mange à 5 heures
on mange du spaghetti (manger quelque chose)

marcher
on marche
on marche longtemps, on marche beaucoup, on marche vite

promener
on promène son chien, on promène le bébé
on se promène

On pourra relever dans les productions des élèves des verbes qui ont conduit à de mauvaises constructions, et les travailler collectivement en montrant quels compléments peuvent être employés avec ces verbes (attention, il ne s'agit pas d'analyser les sortes de compléments mais de fournir des exemples).

→ p. 62-64

2. Les phrases déclaratives que tu écris

Cette section est à travailler purement dans une perspective d'écriture, pour que l'élève apprenne à développer et enrichir ses phrases. Il ne s'agit pas d'apprendre à analyser en détails ces phrases «étendues» ou «enrichies» (ainsi, au *point C, p. 64*, on ne nomme pas le groupe *complément de phrase*, ce constituant de la phrase de base sera vu au 3e cycle).

LA PHRASE DÉCLARATIVE
Corrigé des exercices, p.65-67

1. **L**e soccer est mon sport préféré**. J**e joue dans une équipe**. N**ous gagnons souvent**. J**e suis une très bonne gardienne de but**. J**e ne rate jamais une partie**.**

PROLONGEMENT

Recopier un texte d'élève sans aucune ponctuation et le photocopier afin de créer rapidement d'autres exercices semblables. Modifier les phrases au besoin pour éviter de trop grandes difficultés.

2. **Étape 1**

Les phrases *a* et *f* sont bien construites parce qu'elles ont leurs deux groupes obligatoires dans le bon ordre. De plus, ces groupes obligatoires sont, eux aussi, bien construits.

Lors d'une correction collective ou en équipes, demander oralement de démontrer que ces phrases déclaratives contiennent le minimum.

Étape 2

EXEMPLES DE RÉPONSES

b) *Notre guide / On* aperçoit une oasis.

c) Mon chameau veut *de l'eau / boire*.

d) Notre guide propose *de se reposer / d'arrêter*.

e) Nos *chameaux* boivent de l'eau.

g) *Le* soleil réchauffe *le désert. / Le* soleil *nous* réchauffe.

+ Exercice supplémentaire

Écrire au tableau la liste suivante et demander aux élèves de la lire attentivement en précisant que chaque élément de cette liste est un GN avec une expansion. Leur demander ensuite de récrire la liste des caractéristiques du chien de Martin en changeant toutes les expansions.

Le petit chien de mon copain Martin a :
- des yeux gris
- une truffe rose
- des oreilles pendantes
- une queue de singe
- un pelage blanc
- des pattes douces
- un collier de cuir
- un appétit d'ogre
- une santé de fer.

EXEMPLES DE RÉPONSES POSSIBLES

Le petit chien de mon copain Martin a
- *des yeux bleus*
- *une truffe noire*
- *des oreilles pointues*
- *une longue queue*
- *un pelage de mouton*
- *des pattes droites*
- *un collier de plastique*
- *un appétit d'oiseau*
- *une santé formidable.*

3. Étape 1

EXEMPLE DE RÉÉCRITURE POSSIBLE

L'étang *de la prairie* est **un paradis *terrestre***. **Chaque jour *d'été***, **mon amie *Ariane*** vient y observer **les *petites* grenouilles**. Parfois, elle y voit **des nénuphars *blancs***.

SUGGESTION

Faire choisir le plus joli texte de l'équipe. Inviter un membre de l'équipe (autre que l'auteur ou l'auteure du texte) à lire ce texte à toute la classe.

4 Étape 1

GN au minimum	GN avec expansion
Le garçon	Mon cousin Hector
Catherine	un repaire secret
les murs	un arbre solide
Un escalier	la construction de la cabane
Mon cousin[1]	Les dessins de Catherine
Hector	une porte rouge
la construction	un mot magique
la cabane	l'ouverture de la porte
Les dessins	
Catherine	
l'ouverture	
la porte	

1. NOTE

Il est possible que quelques élèves inscrivent aussi la liste des GN minimaux à partir de ceux avec expansions. Accepter ces réponses si les GN avec expansions ont bien été relevés dans la colonne de droite.

Étape 2

GN avec expansion
Mon cousin ~~Hector~~
un repaire ~~secret~~
un arbre ~~solide~~
la construction ~~de la cabane~~
Les dessins ~~de Catherine~~
une porte ~~rouge~~
un mot ~~magique~~
l'ouverture ~~de la porte~~

Étape 3

EXEMPLES DE RÉPONSES POSSIBLES

Mon cousin ***Danny***
un repaire ***caché***
un arbre ***superbe***
la construction ***de l'aréna***
Les dessins ***de ma sœur***
une porte ***verte***
un mot ***gentil***
l'ouverture ***de la bibliothèque***

Étape 4

EXEMPLES DE RÉPONSES POSSIBLES

1) ***Pour me consoler,*** mon cousin Danny ***me dit*** un mot gentil.
2) ***Je vois*** une porte verte.
3) L'ouverture de la bibliothèque ***se fera après*** la construction de l'aréna.

5 Étape 1

1. a reçu deux dauphins
   habitent le bassin central
   observe les dauphins
2. a découvert des plantes
   accompagne des biologistes
   cueillent des plantes

Étape 2

EXEMPLES DE RÉPONSES POSSIBLES

1. Elle a reçu une carte postale.
   Ils habitent Gaspé.
   J'observe les manchots.
2. Elle a découvert une grotte.
   J'accompagne ma sœur.
   Ils cueillent des marguerites.

6. Étape 1

EXEMPLES DE RÉPONSES POSSIBLES

a) Marina ira chez le dentiste ***aujourd'hui à 16 h 30***.
Marina ira chez le dentiste ***cet après-midi à 16 h 30***.

b) Marina a visité sa grand-mère ***hier***.
Marina a visité sa grand-mère ***lundi***.
Marina a visité sa grand-mère ***le lundi 24 avril***.

c) Marina a écrit un poème à Max ***pour son anniversaire***.
Marina a écrit un poème à Max ***à l'occasion de son anniversaire***.

d) Marina ira chez Claude ***demain pour finir sa recherche***.
Marina ira chez Claude ***mercredi pour finir sa recherche***.
Marina ira chez Claude ***le mercredi 26 avril pour finir sa recherche***.

e) Marina fera le ménage de sa chambre ***dans trois jours***.
Marina fera le ménage de sa chambre ***vendredi prochain***.
Marina fera le ménage de sa chambre ***le vendredi 28 avril***.

f) Marina ira s'inscrire au cours de natation ***à la piscine de Longueuil dans quatre jours***.
Marina ira s'inscrire au cours de natation ***à la piscine de Longueuil samedi prochain***.
Marina ira s'inscrire au cours de natation ***à la piscine de Longueuil le samedi 29 avril***.

NOTES

- Accepter toutes les variantes pertinentes, notamment les groupes (complément de phrase) en début de phrase.
  Exemple : *Dans deux jours, Marina pourra se reposer.*
- La virgule pour un complément de phrase déplacé n'est pas au programme du 2e cycle.

7 Étape 1

SUGGESTION

Montrer aux élèves comment insérer des groupes de mots dans un texte : au-dessus de la ligne, avec un crochet à l'endroit où il faut insérer les mots.

EXEMPLE DE RÉÉCRITURE POSSIBLE

Légende: **gras** = groupe de mots ajouté à la phrase; souligné = expansion du verbe; *italique* = expansion du GN

Depuis hier soir, Meg avance péniblement dans la forêt *du Nord*. Des bruits *étranges* la font sursauter. **Dans cette forêt**, la noirceur enveloppe tout. Les animaux sortent de leur abri **pour aller chasser**. La jeune fille pense continuellement à ses parents *inquiets*. Ses vêtements ne la réchauffent plus. La peur est sa seule compagne.

SUGGESTION

Pour prolonger l'activité, faire choisir le plus joli texte de l'équipe. Inviter un membre de l'équipe (autre que l'auteur ou l'auteure du texte) à lire ce texte à toute la classe.

Chapitre 6 Les autres phrases

→ p. 68

Ce chapitre aborde la construction et la ponctuation des phrases de type interrogatif, exclamatif, impératif ainsi que les phrases à la forme négative. Nous n'insistons pas dans le manuel sur la distinction entre *type* et *forme* de phrases, qui sera vue en profondeur au secondaire.

Les **signes de ponctuation ?** et **!** sont certainement déjà connus et utilisés des élèves du 2e cycle mais une brève révision de ces signes et, surtout, des exercices réguliers de ponctuation (*comme les nos 1 des pages 73 et 79 du manuel*) sont conseillés dès le début du cycle.

Les **structures de phrases**, elles, sont sans doute moins bien maîtrisées, surtout parce que les structures de l'écrit sont souvent différentes de celles du langage courant oral. Face à ces **différences entre la langue orale et la langue écrite**, l'attitude à prendre devrait être la plus neutre possible. Il faut présenter les constructions de l'écrit comme un enrichissement tout en évitant de porter un jugement négatif sur les constructions de l'oral (ne pas parler d'erreurs ni de fautes mais plutôt de deux systèmes différents). La langue (on ne parle plus d'orthographe, ici) est toujours un sujet délicat à aborder: lorsqu'on discrédite la façon de parler d'un ou d'une élève (ou de n'importe qui…), c'est l'identité même de la personne, sa culture, son milieu qui se trouvent rejetés… et l'élève risque de réagir en discréditant à son tour un monde dans lequel il ou elle ne se reconnaît pas, le monde scolaire.

Ceci étant dit, nous croyons que l'élève doit **prendre conscience de sa façon de parler (c'est-à-dire des structures de l'oral), pour mieux apprendre à construire les phrases selon les règles de l'écrit**. Il ne faut pas faire comme si les structures orales n'existaient pas, au contraire, il faut les mettre en contraste avec celles de l'écrit. Nous pensons ici particulièrement aux structures interrogatives typiques de l'oral québécois qui ne sont pas acceptées à l'écrit:

- l'usage de *tu* comme particule interrogative – il ne s'agit plus d'un pronom:
  ** La récréation est-tu finie ? * Ton ami, y'arrive-tu ? * Vous venez-tu ce soir ?*
- ou d'autres formes, souvent si contractées qu'il est difficile d'en retrouver la forme d'origine:
  ** C'est quoi qu'i dit ? * Quésék tu veux ?…*

Dans une moindre mesure, les phrases négatives de l'oral sont aussi à mettre en contraste avec celles de l'écrit (par exemple, l'absence de *ne*, bien sûr, mais aussi la double négation: ** I'a pas personne ici. * J'ai pas rien vu*). Ce chapitre comporte donc des activités sur les différences entre l'oral et l'écrit (*voir p. 72 et 86 du manuel*).

En ce qui concerne la **phrase exclamative** (*point 2, p. 76 du manuel*), le signe de ponctuation (**!**) est largement utilisé par les élèves dans des structures qui ne sont pas strictement exclamatives (*voir la note à la p. 77 du manuel*) et il n'y a aucune raison de les en empêcher! Les structures de phrases exclamatives sont en réalité assez peu utilisées dans les écrits modernes, elles ont un petit air vieillot (*...mère-grand, que vous avez de grandes dents !*). Ces structures sont donc à travailler plutôt pour la compréhension en lecture.

Enfin, les **phrases impératives** sont tellement omniprésentes dans l'univers d'un enfant (*Range ta chambre ! Viens manger. Ferme la porte !*) que ces structures ne poseront aucune difficulté !

LES AUTRES PHRASES
Corrigé des exercices, p.73-75

1. **J**e déménage demain. **E**st-ce que j'aurai de nouveaux amis **?** **M**a nouvelle école**,** à quoi ressemblera-t-elle **?** **J**e suis inquiète**.** **E**st-ce que c'est normal **?**

PROLONGEMENT

Au besoin, créer de nouveaux exercices de ce type à partir de petits textes (textes d'élèves ou création) dans lesquels se trouvent quelques phrases interrogatives parmi des phrases déclaratives.

2. **Étape 1**

a) *Est-ce qu'*un ouragan a la forme d'une spirale ? Oui.

b) *Est-ce que* l'œil de l'ouragan est le milieu de la tempête ? Oui.

c) *Est-ce que* le ciel est dégagé dans l'œil de l'ouragan ? Oui.

Étape 2

d) Des chercheurs *volent-ils* dans l'œil des ouragans ? Oui.

e) *Utilisent-ils* des avions capables de résister à des vents puissants ? Oui.

f) Leurs observations *servent-elles* à prédire la trajectoire des ouragans ? Oui.

3. a) Le renard polaire vit dans le Grand Nord.

b) Il parcourt la toundra.

c) La toundra est une prairie rase.

d) Le renard polaire se blottit au creux de la neige quand il vente.

e) Le renard guette ses proies sous la neige.

4. Vérifier la structure des phrases interrogatives.

SUGGESTION

Faire chercher sur Internet le site de la vedette et lui envoyer les questions pour vrai !

5

EXEMPLES DE QUESTIONS «EN OUI-NON»

Pleut-il souvent dans les déserts ?
Est-ce que les déserts froids existent ?
La végétation est-elle abondante dans un désert ?
Le Sahara est-il un désert ?
L'Antarctique est-il un désert ?

EXEMPLES DE QUESTIONS OUVERTES

Comment sont les températures dans les déserts ?
Quelle surface des continents les déserts couvrent-ils ?

Quel désert chaud est mentionné dans le texte ?
Quel désert froid est mentionné dans le texte ?
Quels sont les déserts mentionnés dans le texte ?
Où est situé le Sahara ?
Où est situé l'Antarctique ?

6 *EXEMPLES DE RÉPONSES*

a) Où est située la Grande Barrière de corail ?

b) Combien de kilomètres mesure la Grande Barrière ?

c) Combien d'îles compte la Grande Barrière de corail ?

d) Quel âge a la plus grande partie de cette merveille ?

e) Qui trouve qu'elle est infiniment belle ?

7 **Étape 1**

Les phrases *a, b, c, d*

NOTE

L'énoncé demande le *numéro* des phrases, ce sont plutôt des *lettres d'ordre*.

Étape 2

a) Les fourmis construisent-elles des habitations étonnantes ?/ Est-ce que les fourmis construisent des habitations étonnantes ?

b) Savez-vous qu'elles vivent en société ?

c) Veux-tu découvrir la maison des fourmis ?

d) Comment la fourmilière est-elle faite ?

8 Vérifier la structure des phrases interrogatives produites.

9 *EXEMPLES DE QUESTIONS*

Quels sports pratiques-tu ?
Quels sont tes loisirs préférés ?
As-tu déjà visité un musée ?
Aimes-tu la musique ?
Combien lis-tu de livres chaque mois ?
Lis-tu des revues ?
Est-ce que tu aimes aller à la bibliothèque ?
Quelles sont tes couleurs préférées ?
Est-ce que tu apprécies bricoler ?
Aimerais-tu suivre un cours de planche à roulettes ?

PISTES DE PROLONGEMENT

Faire corriger les questionnaires par les élèves, puis choisir quelques questions, en grand groupe, pour le sondage auquel les élèves devront répondre. Utiliser les données dans des problèmes de mathématiques. S'en inspirer pour que les élèves planifient une activité sociale, etc.

LA PHRASE EXCLAMATIVE – LA PHRASE IMPÉRATIVE
Corrigé des exercices, p. 79-83

1. **M**a cousine Émilie a un nouveau cerf-volant**.** **Q**u'il est beau**!** **I**l a une longue queue**.** **I**l est bleu et rouge**.** **C**omme j'aimerais le faire voler**!**

PROLONGEMENT

Au besoin, créer de nouveaux exercices de ce type à partir de petits textes (textes d'élèves ou créations personnelles) dans lesquels se trouvent les structures de phrases travaillées.

2. Étape 1

a) Comme la légende du roi Arthur me fascine !
Que la légende du roi Arthur me fascine !

b) Quelle belle épée magique le roi Arthur a reçue !

c) Quel héros parfait il a été !

d) Comme la reine Guenièvre est belle et courageuse !
Que la reine Guenièvre est belle et courageuse !

e) Comme les pouvoirs magiques de Merlin l'enchanteur sont fabuleux !
Que les pouvoirs magiques de Merlin l'enchanteur sont fabuleux !

3 Vérifier la structure des phrases exclamatives produites.

PROLONGEMENT

On pourra soit écrire au tableau les nouvelles situations proposées, soit les énoncer oralement, et demander aux élèves de répondre par écrit.

Invente une phrase exclamative pour exprimer ce que tu ressens dans les situations suivantes:

a) tu as hâte à la fin de semaine;

b) ton petit frère t'énerve;

c) tu trouves cet exercice facile;

d) tu veux gagner la course à laquelle tu participes;

e) tu t'ennuies de ta meilleure amie.

4 a) Les numéros 4 et 6

b) Les numéros 1 et 5

c) Les numéros 2, 3 et 7

5 *EXEMPLES*

2. Quels dégâts cette tornade a dû causer !

3. Comme cette vague devait être terrifiante !

4. Comme ces États ont été touchés ce jour-là !

5. Comme ces grêlons ont dû être destructeurs !

6. **A**rrête de me déranger**.** (*ou* **!**) **J**e fais mes devoirs**.** **J**'irai jouer avec toi plus tard**.** **N**'écris pas sur mon cahier**.** (*ou* **!**) **V**a-t'en**.** (*ou* **!**) **M**aman, dis à Victor de me laisser tranquille**.** (*ou* **!**)

PROLONGEMENT

Au besoin, créer de nouveaux exercices de ce type à partir de petits textes (textes d'élèves ou créations personnelles) dans lesquels se trouvent les structures de phrases travaillées.

7. a) Va visiter l'Espagne.

b) Préparons le voyage.

c) Apprenez l'espagnol.

d) Boucle tes valises.

e) Allons à l'aéroport.

f) Montez dans l'avion.

8. Les phrases 2, 3, 4, 5 et 6

Elles se terminent toutes par un simple point sauf la dernière qui se termine par un point d'exclamation.

9. Prends un vieux pot de terre cuite.
Couche le pot sur le côté.
Enterre à moitié ce pot dans le potager.
Fabrique une affiche.
Sur l'affiche, écris «Logement à louer».
Installe l'affiche sur la maison à crapaud.
Loue la maison au plus gentil crapaud !

10 NOTE

Les verbes peuvent être à la 2e personne du singulier ou du pluriel.

11. **A**ujourd'hui, je ne suis pas allée à l'école**.** **J**'étais malade**.** **C**omme la journée a été longue **!** **A**vez-vous joué au ballon **?** **E**st-ce que Fannie a retrouvé son lapin **?** **R**éponds vite à mes questions**.** (*ou* **!**)

12 **1.** En as-tu assez des vacances ordinaires ?
ou : Est-ce que tu en as assez des vacances ordinaires ?

2. Rêves-tu de découvrir les fonds marins ?
ou : Est-ce que tu rêves de découvrir les fonds marins ?

4. Viens tenter l'aventure !

13 **Étape 1**

Les phrases 1, 3, 4, 6 et 9

Étape 3

1. Quel mordue d'astronomie je suis !

3. J'espère souvent voir une aurore boréale.

4. Comme c'est spectaculaire !

6. L'univers a-t-il une fin ?

9. Que ces questions me fascinent !

LES PHRASES À LA FORME POSITIVE OU NÉGATIVE
Corrigé des exercices, p. 87

1. a) Notre école n'est pas petite.

b) Le silence ne règne pas à la bibliothèque.

c) La cour ne bourdonne pas d'activité.

d) Mes camarades ne viennent pas à l'école en autobus.

e) Je ne les trouve pas chanceuses.

f) Pourquoi ne prennent-elles pas l'autobus ?

g) Ne pas entrer par la cour.

NOTES

– Pour les phrases **a** ou **b**, des élèves écriront peut-être *notre école est grande, le bruit règne à la bibliothèque.* Utiliser un terme de sens contraire dans une phrase donne le même résultat (pour le sens) que la phrase négative du corrigé mais il ne s'agit pas d'une construction négative. Expliquer aux élèves la différence entre «utiliser des mots de sens contraire» et «construire une phrase négative» si le cas se présente.

– La construction de la phrase **f** est difficile car l'élève est rarement en contact avec une telle structure.

2. *EXEMPLES DE RÉPONSES POSSIBLES*

Fido ne mange jamais les restes de table.
Fido ne sort pas sans sa laisse.
Fido ne court plus très vite.

3 Je **ne** veux pas aller me coucher.
Tu **ne** peux pas me laisser seul dans le noir.
Ce n'est pas gentil.
Je **ne** le dirai jamais à mes parents.
Je **ne** te dérangerai plus.

Chapitre 7 Des structures à surveiller

→ p. 88

Le point 1 de ce chapitre aborde les marqueurs de relation du point de vue de la ponctuation (les marqueurs de temps sont vus plus spécifiquement dans les chapitres 1 et 2). Il est possible de prolonger l'activité en demandant aux élèves de classer les marqueurs de relation selon la relation exprimée: *temps, séquence, cause-effet, condition*... Faire compléter ensuite la liste en recherchant de nouveaux marqueurs de relation dans des textes variés. Attention, tous les marqueurs de relation ne seront pas «classables» (entre autres, *qui, que, et, mais*... soit parce qu'ils servent de connecteur tout en étant assez vides de sens – ils mettent en relation, sans plus – soit que leur sens est trop difficile à expliquer même si les élèves savent l'utiliser).

Le point 2 du chapitre traite de l'énumération dans une phrase en considérant l'usage de la virgule et du mot *et* ou *ou* reliant les deux derniers éléments. On y observe également une erreur de construction que l'on rencontre assez souvent dans les textes d'élèves.

DES STRUCTURES À SURVEILLER
Corrigé des exercices, p. 92-93

1. a) La maison interactive de l'an 2000 sera extraordinaire.
Elle s'entretiendra facilement.

b) Elle aura un équipement de réalité virtuelle.
Toute la famille s'offre des vacances virtuelles exotiques.

c) Les téléphones portables existeront toujours.
Ils transmettront des images.

d) Un équipement spécial évaluera l'état de santé d'une personne.
Elle sera sous la douche.

NOTE

À la phrase b, accepter aussi *s'offrira*.

2 a) Il faut des centaines de personne pour construire un gratte-ciel *parce que / car* ce travail est difficile.

b) Des architectes dessinent les plans d'un gratte-ciel *qui* comptera 48 étages.

c) Les plombiers installent la tuyauterie *pendant que* les électriciens passent des kilomètres de fil.

d) La construction est longue, *car / parce que* le travail est minutieux.

3 Ma chambre est un lieu tranquille **où** je lis en paix. Quand je veux être tranquille**,** je ferme la porte de ma chambre et je m'installe dans mon lit. Mon chat Soho vient me rejoindre. Je tente de lire, mais ce n'est pas facile. Pendant que je le flatte**,** Soho se roule sur le dos. Lorsqu'il veut jouer, il frappe mon livre avec sa grosse patte.

NOTE

Les marqueurs de relation (encadrés) ont été ajoutés à titre d'exemples. Le groupe surligné a été déplacé, toujours à titre d'exemple. Accepter les variantes pertinentes.

4. NOTE

Corriger la construction de l'énumération plutôt que l'exactitude des articles énumérés, car certaines images peuvent ne pas être reconnues ou être mal interprétées.

5. NOTE

Vérifier la construction des énumérations.

PARTIE 3
Réussir les accords

→ p. 95

Avant de commencer

En plus de donner une certaine vue d'ensemble sur les accords, cette activité sur le métalangage utilisé dans les règles d'accord permet à l'élève de faire des analogies entre des concepts grammaticaux et des situations de la vie courante. En même temps, l'élève découvrira que certains mots en grammaire prennent un sens très différent du sens qu'on leur donne dans la vie de tous les jours, un sens *spécialisé*.

Chapitre 8 L'accord dans le groupe du nom

→ p. 102

1. Repérer le groupe du nom

Le groupe du nom est vu au deuxième cycle surtout pour les relations d'accord, c'est pourquoi nous abordons ici seulement les classes du nom, du déterminant et de l'adjectif. D'autres sortes d'expansions au groupe du nom sont vues de façon plus informelle dans des sections destinées à la fin du cycle: à la partie 2, au point 2 A du chapitre 5, *Comment enrichir le groupe du nom* (*p. 62*) ou encore au point 3 du chapitre 9, *Repérer le verbe et le sujet: des cas difficiles* (*p. 164-165*).

→ p. 102

1.1 Le nom

Normalement, cette classe de mots a déjà été vue au 1er cycle mais pas nécessairement avec les outils de la nouvelle grammaire (test du déterminant au point B). De plus, nous mettons d'emblée l'élève en contact avec des noms abstraits (comme *objet, pause, curiosité*) afin de montrer l'efficacité de ce test du déterminant (...par rapport à une conception du nom basée sur le fait de désigner «une personne, un animal, une chose»). Dans un premier temps, nous avons limité le test du déterminant à une courte liste *(un, une, du* ou *des*) qui s'apprend facilement par cœur, en attendant de voir la classe des déterminants (au point 1.2). Certains et certaines élèves resteront perplexes devant l'utilisation de ce test pour quelques noms plus souvent précédés d'un déterminant défini qu'indéfini (par exemple, on dit plus souvent *la curiosité* que *une curiosité*) mais cette difficulté s'estompera rapidement à la suite des activités sur le déterminant.

Pour bien comprendre les notions de genre et de nombre avant même de considérer les marques d'accord, l'élève explorera également l'arbitraire du genre des noms (sauf pour les êtres) et le fait que le nombre dépend de ce qu'on veut dire.

→ p. 106

1.2 Le déterminant

Les élèves observeront, pour les déterminants, les caractéristiques suivantes: leur position devant le nom et leur présence obligatoire. On leur fera découvrir plus tard, avec les cas difficiles (*p. 134-135*), que le nom se retrouve parfois sans déterminant.

La liste des déterminants sera complétée par les élèves au moyen de la substitution.

Dans le classement des déterminants selon le genre ou selon le nombre, on attire l'attention des élèves sur les différences entre l'oral et l'écrit ... ou plutôt l'absence de différence pour certains déterminants (ex.: *au-aux*), ce qui constitue une sorte de piège pour l'orthographe.

➤ → p. 107 B Faire compléter le tableau en demandant aux élèves d'y ajouter des déterminants connus mais qui ne se trouvent pas dans les textes 1 et 2 (à partir de la liste complétée au point A).

→ p. 110

1.3 L'adjectif

Cette section commence en abordant le rôle de l'adjectif dans un texte, puis son accord selon le nom qu'il décrit. Nous utilisons toujours «décrit» plutôt que «qualifie» afin de mieux rendre compte de l'ensemble des adjectifs (*grand, noir*, autant que *naturel, piétonnier* ou *méchant*).

Le test pour repérer l'adjectif utilise deux caractéristiques: sa position «autour d'un nom» et sa variation en genre même si elle ne s'entend pas toujours. C'est pourquoi le test doit être fait à partir d'au moins deux noms, un féminin et un masculin (*personne* ou *personnage, chose* ou *objet*). Ces caractéristiques rendent compte adéquatement du plus grand nombre d'adjectifs possible (mieux que la position attribut: «se dit après *il est* ...») mais il reste que certains adjectifs «colleront» mal aux quatre noms choisis. Ces cas peuvent être déroutants pour l'élève (ex.: *social... une personne sociale? un personnage social? un objet social? une chose sociale?* est-ce que ça se dit bien?... Il pourrait y avoir un peu d'indécision!) Il s'agit d'adjectifs peu courants pour des élèves du 2e cycle, mais qui peuvent tout de même être rencontrés dans le cadre de projets en sciences humaines ou en sciences de la nature. Lorsqu'un tel cas est soulevé par un ou une élève, il faut le traiter en grand groupe et montrer que ce mot décrit bel et bien un nom (et pas un verbe...), qu'il occupe la position d'un adjectif et qu'on peut le dire avec ce nom et avec un nom d'un autre genre (*un service social, une travailleuse sociale*). On pourrait, de plus, utiliser la substitution avec un autre adjectif (*un service intéressant, un service utile*).

1. REPÉRER LE GROUPE DU NOM
Corrigé des exercices, p.114-118

1. Étape 1

SUGGESTION

Il est conseillé de faire cet exercice en équipe, en classe.

NOTE

Le but de cet exercice est double:

- l'élève doit prendre conscience que le nom commun désigne des «choses» très diverses et souvent non palpables...
- la seule «valeur sûre» concernant les noms communs est l'usage d'un déterminant devant (comme *un, une, du, des...*) d'où le test du déterminant pour trouver les noms d'un texte.

Les catégories ci-dessous (voir l'exemple de réponse) ne sont pas exclusives, c'est pourquoi un même nom peut se retrouver dans deux catégories. Certains élèves chercheront à tout prix à «caser» chaque mot une seule fois. L'important, dans cet exercice, n'est pas d'arriver exactement au classement suggéré mais bien d'être capable de justifier de façon logique son propre classement.

SUGGESTION DE RETOUR COLLECTIF SUR CET EXERCICE

Reproduire au tableau les réponses d'une équipe et demander aux membres des autres équipes quels mots ils ont classés différemment. Faire justifier les classements divergents en précisant que plusieurs classements peuvent être logiques... Faire remarquer aux élèves que des critères comme «chose que je peux voir ou toucher» ne sont pas très aidants pour trouver tous les noms communs d'un texte, car cela n'inclut pas tous les noms et, en plus, cela peut prendre un sens différent d'une personne à l'autre...

Conclure en faisant ressortir l'importance du test du déterminant pour trouver les noms d'un texte (si on fonctionne en cherchant des mots qui sont des personnes, animaux ou choses, on risque de ne pas bien repérer tous les noms).

EXEMPLES DE RÉPONSES

… une personne ou un animal : une actrice, un ami, un chameau, un cobra, un parent, un policier

… que je peux voir ou toucher : une célébration, une course, une galerie, du gazon, du jambon, du patinage, un sentier, un spectacle

… que je ne peux pas voir ni toucher : une admiration, un air, du bonheur, du courage, une douleur, un esprit, du froid, une honte, une idée, un kilomètre, un lendemain, une mémoire, une question

… que je peux faire : une célébration, une colère, une course, une lecture, du patinage, un spectacle

… que je peux éprouver, ressentir : une admiration, du bonheur, une colère, du courage, une douleur, du froid, une honte

3. Étape 1

Exemple de liste de matériel nécessaire pour faire le plus beau bonhomme de neige

un chapeau melon
une carotte
un foulard rouge
une pipe
du colorant alimentaire

Étape 2

Corrigé fait à partir de la liste fournie à l'étape 1

un (chapeau) (melon)
D N N

une (carotte)
D N

un (foulard) rouge
D N A

une (pipe)
D N

du (colorant) alimentaire
D N A

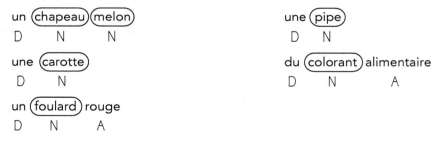

PROLONGEMENT

Faire repérer les adjectifs utilisés dans la liste (s'il y a lieu) et en faire ajouter quelques-uns.

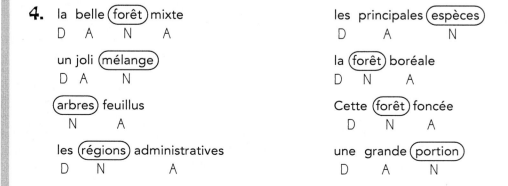

4. la belle (forêt) mixte
D A N A

un joli (mélange)
D A N

(arbres) feuillus
N A

les (régions) administratives
D N A

les principales (espèces)
D A N

la (forêt) boréale
D N A

Cette (forêt) foncée
D N A

une grande (portion)
D A N

du (territoire) québécois
D N A

petites (épinettes) dispersées
A N A

les (régions) administratives
D N A

les (espaces) très froids
D N A

la (forêt) subarctique
D N A

une immense (étendue)
D A N

PROLONGEMENT POUR UNE CLIENTÈLE ALLOPHONE

Faire observer la place des adjectifs dans les GN relevés.

a) Lesquels se disent surtout à gauche du nom, entre le déterminant et le nom ?

belle, joli, principales*, grande, petites, immense*

b) Lesquels se disent surtout à droite du nom ?

mixte, feuillus, administratives, principales*, boréale, foncée, québécois, subarctique, dispersées, froids, immense*

NOTE

Les adjectifs *immense* et *principal* se disent bien dans les deux positions.

Poursuivre cette petite investigation dans des textes variés. Écrire les résultats sur une affiche qui pourra être complétée au fur et à mesure des observations. Le tableau aura deux colonnes : D + A + N et D + N + A (les adjectifs qu'on trouve aux deux endroits seront écrits deux fois et marqués d'un astérisque).

Les élèves découvriront qu'assez peu d'adjectifs se disent entre le D et le N, comparativement aux autres adjectifs… Ce sont généralement des adjectifs assez courts (*grand*, *petit*, *beau*, *gros*…)

5 Étape 1

GN dont le nom est féminin	GN dont le nom est masculin
l'action	l'autobus
l'ambulance	l'avion
l'annonce	l'éclair
l'équipe	l'espace*
l'erreur	l'étage
l'espace*	l'hélicoptère
l'espèce	l'hôpital
l'invention	l'incendie
l'opinion	l'océan
l'oreille	l'orage
l'urgence	l'oreiller
	l'orteil

*Au féminin, il désigne les blancs entre les mots ou les lettres d'un texte.

J'ai essayé de placer *une* ou *un* devant chaque nom.
J'ai cherché le genre dans le dictionnaire.
…

6. *EXEMPLES DE RÉPONSES*

couleur: une couleur claire, une couleur foncée, une couleur sombre; une couleur franche, une couleur vive, une couleur criarde, une couleur voyante, une couleur tendre, une couleur délavée, une couleur changeante, une couleur primaire, une couleur complémentaire, une belle couleur, une couleur chaude, une couleur froide, une couleur pâle…

cheveu: des cheveux raides, des cheveux plats, des cheveux frisés, des cheveux bruns, des cheveux roux, des cheveux noirs, des cheveux longs, des beaux cheveux courts, des cheveux blancs, des cheveux gras, des cheveux secs, des grands cheveux épais, des cheveux fins, des cheveux teints…

chien: un chient méchant, un chien perdu, un chien attaché, un beau petit chien, un chien errant, un chien jappeur, un chien féroce, un gentil chien, un chien noir, un chien blanc, un bon chien, un jeune chien…

école: une belle école primaire, une petite école secondaire, une école publique, une école privée, une ancienne école, une école fermée, une grande école élémentaire…

centre: un centre communautaire, un centre commercial, un nouveau centre récréatif, un centre hospitalier, un grand centre culturel, un centre équestre, un centre nautique…

SUGGESTION

Permettre la collaboration entre élèves.

7. Étape 1

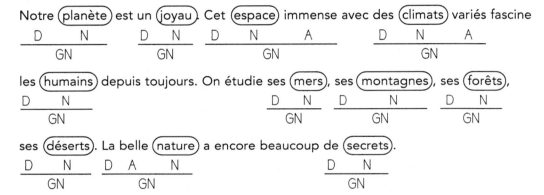

Notre (planète) est un (joyau). Cet (espace) immense avec des (climats) variés fascine

Notre planète	un joyau	Cet espace immense	des climats variés
D N	D N	D N A	D N A
GN	GN	GN	GN

les (humains) depuis toujours. On étudie ses (mers), ses (montagnes), ses (forêts),

les humains	ses mers	ses montagnes	ses forêts
D N	D N	D N	D N
GN	GN	GN	GN

ses (déserts). La belle (nature) a encore beaucoup de (secrets).

ses déserts	La belle nature	de secrets
D N	D A N	D N
GN	GN	GN

8. *EXEMPLE DE RÉÉCRITURE POSSIBLE*

Mon paresseux lapin se couche trop tard
Des canaris endormis mangent du riz
Un curieux boa effraie Thomas
Des fantômes taquins gardent un donjon

Mes chevaux imaginaires galopent
Trois rats gras sont dans mes bras
Ta jolie souris veut des radis
Son petit frère est une andouille

NOTE

Les traces du corrigé apparaissent en noir; celles déjà présentes sur le document reproductible, en gris.

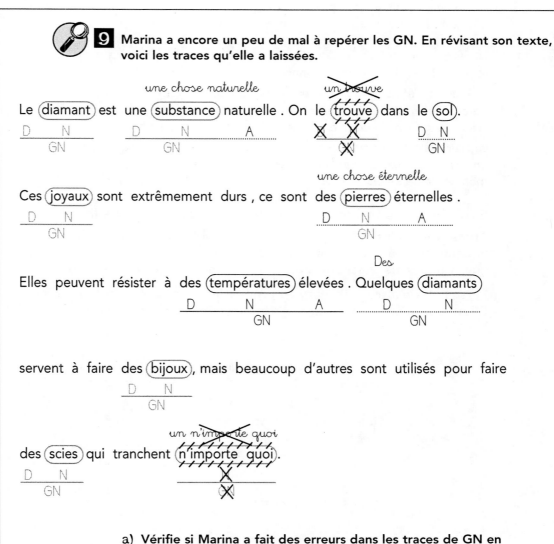

9 Marina a encore un peu de mal à repérer les GN. En révisant son texte, voici les traces qu'elle a laissées.

une chose naturelle — ~~*un trouve*~~

Le diamant est une substance naturelle. On le trouve dans le sol.

une chose éternelle

Ces joyaux sont extrêmement durs, ce sont des pierres éternelles.

Des

Elles peuvent résister à des températures élevées. Quelques diamants servent à faire des bijoux, mais beaucoup d'autres sont utilisés pour faire

~~*un n'importe quoi*~~

des scies qui tranchent n'importe quoi.

a) **Vérifie si Marina a fait des erreurs dans les traces de GN en indiquant les déterminants, les noms et les adjectifs. Fais les corrections nécessaires en laissant des preuves de ton raisonnement.**

b) **Vérifie si elle n'a rien oublié. Ajoute les traces qui manquent.**

SUGGESTION

Ajouter l'étape suivante

Forme une équipe avec deux camarades. Vérifiez votre travail en donnant oralement une preuve pour chaque nom, pour chaque déterminant autre que *le, la, les, un, une, du, des* et pour chaque adjectif du texte.

→ p. 119

2. Les marques d'accord dans le groupe du nom

Les règles de formation du féminin et du pluriel sont traitées dans cette section. L'accent est mis sur les régularités. Les exceptions à ces règles sont fournies seulement lorsque nous jugeons qu'il s'agit de mots que les élèves de cet âge sont susceptibles d'écrire ou de rencontrer en lecture. Nous avons, par exemple, omis les mots *vantail, soupirail* et *bail* des exceptions en *–aux* (*vantail* ne semble plus en usage et les mots *bail* ou *soupirail* ne s'emploient pour ainsi dire jamais au pluriel, et encore moins à 8 ou 10 ans).

➤ → p. 129

Demander aux élèves d'ajouter la note suivante au bas du tableau de la rubrique **Récapitule** (car ces irrégularités ne sont pas traitées dans les activités d'observation):

Le masculin et le féminin de ces noms sont complètement différents:
garçon / fille, homme / femme, oncle / tante, père / mère, taureau / vache ...
(Demander aux élèves d'en trouver d'autres parmi les animaux.)

Le pluriel de ces noms est irrégulier (ils sont seuls à suivre ce modèle):
un œil / des yeux, un aïeul / des aïeux, le ciel / les cieux
monsieur/messieurs, madame/mesdames, mademoiselle/mesdemoiselles

Évolution des traces de révision pour l'accord dans le GN

Après avoir vu les classes de mots qui forment le GN (soit la section 1 sur les noms, les déterminants et les adjectifs), on demande à l'élève, dans les exercices des *pages 114 à 118*, d'étiqueter toutes ces classes de mots en plus d'encercler le nom et de souligner l'ensemble du GN.

Lorsque les marques d'accord en genre et en nombre ont été travaillées (dans la section 2), l'élève doit ajouter à ces traces des indications de genre et de nombre, comme le montre l'exemple de la *page 130*.

3. Vérifie les marques de genre et de nombre dans tout le groupe du nom: le nom, le déterminant et les adjectifs. Corrige si nécessaire.

Exemple: Deux célèbres (plongeuse)s viennent de découvrir
D A f.pl. N f.pl.
GN f.pl.

beaucoup de (trésor)s inestimable s .
D N m.pl. A m.pl.
GN m.pl.

On demande à l'élève de laisser ces traces de révision dans les exercices pour l'habituer à procéder à une analyse complète du groupe et à une réflexion sur le genre et le nombre à partir du nom (et pas seulement à partir du déterminant) – d'où le fait d'encercler le nom qui est le noyau du groupe. **Toutefois, on pourra diminuer les exigences quant aux traces à laisser lors de la révision de ses propres textes au fur et à mesure que l'élève acquiert de l'aisance.**

Dans une première étape de réduction des traces, ne plus faire encercler le nom. Les traces deviennent donc:

Deux célèbres plongeuses viennent de découvrir ...
D A f.pl. N f.pl.
GN f.pl.

Une deuxième étape de réduction des traces serait d'indiquer le genre et le nombre seulement à côté de GN:

Deux célèbres plongeuses viennent de découvrir …
D A N
GN *f.pl.*

Ultimement, les élèves pourraient cesser de détailler les classes de mots dans le GN:

Deux célèbres plongeuses viennent de découvrir …
GN *f.pl.*

2. LES MARQUES D'ACCORD DANS LE GROUPE DU NOM
Corrigé des exercices, p. 130 à 133

1. **a)** Un petit (chat) amical partagerait son (maître) distrait avec un gros (chien) pantouflard.
D A N A — GN *m.s.*; D N A — GN *m.s.*; D A N A — GN *m.s.*

S'adresser au (coiffeur) ou au (boulanger).
D N — GN *m.s.*; D N — GN *m.s.*

b) *1re version:* Des petits chats amicaux partageraient leurs maîtres distraits avec des gros chiens pantouflards. S'adresser aux coiffeurs ou aux boulangers.

2e version: Une petite chatte amicale partagerait sa maîtresse distraite avec une grosse chienne pantouflarde. S'adresser à la coiffeuse ou à la boulangère.

3e version: Des petites chattes amicales partageraient leurs maîtresses distraites avec des grosses chiennes pantouflardes. S'adresser aux coiffeuses ou aux boulangères.

SUGGESTION

Consignes pour une vérification du travail entre pairs

Forme une équipe avec un ou une camarade. Oralement, assurez-vous que, dans chaque texte, les noms, les déterminants et les adjectifs ont les bonnes marques de genre et de nombre.

NOTE

À ce stade, on ne s'attend pas à ce que l'élève réussisse l'accord du verbe.

CORRIGÉ • Document reproductible 8-2

2. Dans le texte suivant, plusieurs accords dans les GN ont été oubliés. À toi de corriger!

Dans la (forêt), beaucoup d'(animal → animaux) doivent se défendre pour assurer leur (survie) [corrections: des, ux, la].
D N *f.s.* — GN *f.s.*; D N *m.pl.* — GN *m.pl.*; D N *f.s.* — GN *f.s.*

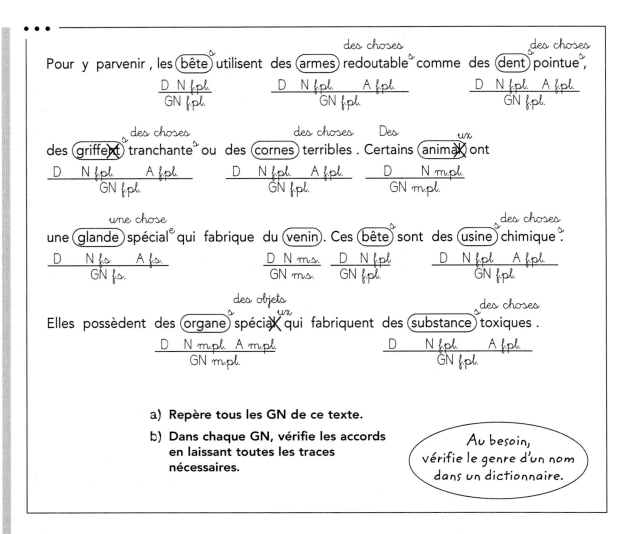

Pour y parvenir, les (bête)s utilisent des (armes) redoutables comme des (dent)s pointues,

(des choses / des choses)

D N f.pl. — GN f.pl. ; D N f.pl. A f.pl. — GN f.pl. ; D N f.pl. A f.pl. — GN f.pl.

des (griffe~~xt~~)s tranchantes ou des (cornes) terribles. Certains (anima~~l~~ux) ont

(des choses / des choses / Des)

D N f.pl. A f.pl. — GN f.pl. ; D N f.pl. A f.pl. — GN f.pl. ; D N m.pl. — GN m.pl.

une (glande) spéciale qui fabrique du (venin). Ces (bête)s sont des (usine)s chimiques.

(une chose / des choses)

D N f.s. A f.s. — GN f.s. ; D N m.s. — GN m.s. ; D N f.pl — GN f.pl. ; D N f.pl A f.pl. — GN f.pl.

Elles possèdent des (organe)s spécia~~l~~ux qui fabriquent des (substance)s toxiques.

(des objets / des choses)

D N m.pl. A m.pl. — GN m.pl. ; D N f.pl. A f.pl. — GN f.pl.

a) **Repère tous les GN de ce texte.**

b) **Dans chaque GN, vérifie les accords en laissant toutes les traces nécessaires.**

Au besoin, vérifie le genre d'un nom dans un dictionnaire.

3. SUGGESTIONS

– Répartir ce travail sur trois séances de manière à travailler 11 mots à la fois.
– Profiter de l'occasion pour montrer à l'élève comment repérer et lire, à la page 261, le tableau des règles à appliquer pour marquer le pluriel des noms et des adjectifs.

Étape 1

Mot au singulier	Règle ou exception à la règle	Mot au pluriel
automobile	générale	automobiles
beau	2	beaux
bijou	exception à la règle générale	bijoux
bleu	générale	bleus
boyau	2	boyaux
cabane	générale	cabanes
cadeau	2	cadeaux
caribou	générale	caribous
chandail	générale	chandails
cheval	1	chevaux
cheveu	2	cheveux
épouvantail	générale	épouvantails
familial	1	familiaux

Mot au singulier	Règle ou exception à la règle	Mot au pluriel
feu	2	feux
final	exception à la règle 1	finals
glacial	1	glaciaux
hivernal	1	hivernaux
jeu	2	jeux
maison	générale	maisons
mardi	générale	mardis
neveu	2	neveux
nez	3	nez
nouveau	2	nouveaux
pneu	générale	pneus
riz	3	riz
tapis	3	tapis
téléphone	générale	téléphones
traîneau	2	traîneaux
travail	exception à la règle générale	travaux
trou	générale	trous
troupeau	2	troupeaux
vœu	2	vœux
voyou	générale	voyous

PROLONGEMENT

Ajouter l'étape suivante

Forme une équipe avec un ou une camarade. Chacun dicte à l'autre les phrases qu'il vient de composer.

Variantes

– Faire former des équipes de 4 élèves. Chacun dicte deux phrases aux 3 autres.

– Choisir quelques phrases dans la classe pour une dictée collective.

4. SUGGESTIONS

– Répartir ce travail sur trois séances de manière à travailler 11 mots à la fois.

– Profiter de l'occasion pour montrer à l'élève comment repérer et lire, à la page 260, le tableau des règles à appliquer pour marquer le féminin des noms et des adjectifs.

Étape 1

Mot au masculin	Règle ou exception à la règle	Mot au féminin
acteur	7	actrice
actif	4	active
adoptif	4	adoptive
beau	3	belle
capable	9	capable
chat	1	chatte
concentré	6	conteuse
conteur	générale	concentrée
cruel	1	cruelle

→

Mot au masculin	Règle ou exception à la règle	Mot au féminin
doux[1]	8	douce
enfant[2]	9	enfant
épais	1	épaisse
explorateur	7	exploratrice
fier	2	fière
franc	8	franche
gardien	1	gardienne
gêné	générale	gênée
généreux	5	généreuse
glouton	1	gloutonne
inquiet	exception à la règle 1	inquiète
jardinier	2	jardinière
magicien	1	magicienne
magique	9	magique
mou	8	molle
naturel	1	naturelle
neuf	4	neuve
nouveau	3	nouvelle
prêt	générale	prête
secret	exception à la règle 1	secrète
sorcier	2	sorcière
surpris	exception à la règle 1	surprise
vif	4	vive
visiteur	5	visiteuse

1. *doux/douce* n'apparaît pas dans le tableau de la page 260 du manuel, parmi les *Autres transformations diverses* de la règle n° 8. Profiter de l'occasion pour faire comprendre aux élèves l'importance de connaître par cœur ces cas isolés, préciser aussi qu'il y en a beaucoup d'autres (exemple: *roux/rousse*)… et qu'on ne pourrait les mettre tous dans le tableau !
2. *enfant* ne subit aucun changement au féminin mais, contrairement aux exemples de la règle 9, ce mot n'est pas déjà en *–e*. Il s'agit d'une rare exception.

Étape 2

EXEMPLES DE PHRASES POSSIBLES

Ma sœur est une enfant responsable.
Nadine est une fière athlète.
Tu dis parfois des paroles cruelles.
La voisine est une personne gênée.
Grâce aux étoiles filantes, ce sera une nuit magique.

PROLONGEMENT

Ajouter l'étape suivante

Forme une équipe avec un ou une camarade. Chacun dicte à l'autre les phrases qu'il vient de composer.

Variantes

– Faire former des équipes de 4 élèves. Chacun dicte deux phrases aux 3 autres.

– Choisir quelques phrases dans la classe pour une dictée collective.

5. **a)** amusant~~e~~, blanc~~he~~, gros~~se~~, lent~~e~~, long~~ue~~, méchant~~e~~, muet~~te~~

b) On ne l'entend pas.

SUGGESTION

Profiter de l'occasion pour rappeler aux élèves que le recours au féminin est souvent utile pour se rappeler les consonnes muettes au masculin.

6. Étape 1

EXEMPLE DE COMPTINE

J'entends le hibou
Il saute sur un pou

Je lis le journal
C'est vraiment génial

Je prends mes joujoux
Les cache dans des choux

Je fais des travaux
En pensant à des chevaux

PROLONGEMENT

Ajouter l'étape suivante

Forme une équipe avec trois ou quatre camarades. À tour de rôle, lisez votre œuvre à voix haute.

Après la lecture des comptines dans l'équipe, demander aux élèves de discuter et de voter pour choisir la plus jolie comptine. Ensuite, faire une autre vérification, en groupe, des accords dans les GN. Faire recopier au propre la comptine choisie par l'équipe. Faire illustrer les comptines. Regrouper comptines et dessins dans un cahier à anneaux. Laisser ce cahier circuler parmi les élèves (chacun dispose de 2 jours pour le lire), ou le déposer à la bibliothèque où il sera à la disposition de l'école, ou l'offrir à quelqu'un, ou le faire tirer, etc.

Variante

Modifier les contraintes de rimes : 2 lignes en *-eu* ou *-eux*, 2 autres en *-ail* ou *-ails*...

→ p. 134

3. L'accord dans le GN : des cas difficiles

Cette partie du chapitre aborde des cas difficiles, mais que l'élève rencontre fréquemment en écrivant. Nous montrons à l'élève que les outils mis à sa disposition (les tests utilisant des manipulations) lui permettent de résoudre ces difficultés et de repérer les déterminants, les noms et les adjectifs, même éloignés dans un groupe du nom. Nous attirons aussi son attention sur le fait que certains mots peuvent appartenir à plusieurs classes (ex.: *le* : déterminant ou pronom, *danse* : nom ou verbe); la vigilance est donc de rigueur...

Nous voulons habituer l'élève à rechercher les adjectifs où qu'ils soient dans la phrase; c'est la raison pour laquelle nous abordons aussi, au point B, le cas des adjectifs attributs : *l'adjectif en dehors du GN* (sans toutefois nommer cette fonction). Les liens de sens entre l'adjectif et le nom ou le pronom qu'il décrit sont si forts que l'élève n'a généralement pas de difficulté à trouver à quel mot l'adjectif se rapporte. La difficulté pour l'élève est plutôt d'identifier les adjectifs.

➤ → p. 135

Le travail consiste à ajouter au tableau (que l'élève aura recopié), à l'endroit approprié, des exemples extraits du texte *Le babillard d'Hebdo-Sorcières* à la *page 134*.

Par exemple :

1. Un nom qui n'a pas de déterminant : un sac de **billes,** un sac à **souliers...**
2. Un adjectif éloigné du nom qu'il décrit :
   a) des sorcières curieuses et **inexpérimentées**,
   des magiciens forts et **courageux**;
   b) des recettes vraiment **rares**,
   les chapeaux trop **pointus;**

3. Des mots qui n'appartiennent pas toujours à la même catégorie:

a) *les* est déterminant: les chapeaux,
les n'est pas déterminant: vous pouvez les aider?;

b) *fête* est un nom: c'est la fête,
fête n'est pas un nom: on fête avec nos familles;

c) *fort* est adjectif: des magiciens forts et courageux,
fort n'est pas adjectif: on chante fort;
rouge est adjectif: ses robes rouges,
rouge n'est pas adjectif: on a vu rouge!!

3. L'ACCORD DANS LE GN: DES CAS DIFFICILES
Corrigé des exercices, p. 138 et 139

1. Étape 1

a) Cet **amour**: N m.s.
Dans ce texte, le nom qui est répété plusieurs fois est amour; *il est précédé du déterminant* cet.

b) Adjectifs: violent, fragile, tendre, désespéré, beau, mauvais, vrai, beau, heureux, joyeux.

Étape 2

SUGGESTION

Pour que tous partent du bon pied, demander aux élèves de dire le genre et le nombre du mot amitiés *(féminin, pluriel).*

Ces amitiés
Si violentes
Si fragiles
Si tendres
Si désespérées

Ces amitiés
Belles comme le jour
Et mauvaises comme le temps
Quand le temps est mauvais

Ces amitiés si vraies
Ces amitiés si belles
Si heureuses
Si joyeuses

2 Étape 1

(Alice)
N
GN f.s.

un étrange (oiseau) magique
D A N A
GN m.s.

La (fillette)
D N
GN f.s.

une (boîte)
D N
GN f.s.

(secrets)
N
GN m.pl.

une précieuse (plume) bleue
D A N A
GN f.s.

l'(oiseau)
D N
GN m.s.

un (feu)
D N
GN m.s.

une (aile)
D N
GN f.s.

Sa (danse) lente et belle
D N A A
GN f.s.

(Alice)
N
GN f.s.

le (chagrin)
D N
GN m.s.

la (plume)
D N
GN f.s.

(amour)
N
GN m.s.

ses (doigts)
D N
GN m.pl.

Étape 2

Alice et sa sœur ont trouvé deux très précieuses plumes bleues. Elles appartiennent à deux étranges oiseaux magiques. Les fillettes les gardent dans des boîte à secrets. Quand Alice et sa sœur pressent les plumes très fort entre leurs doigts, elles voient apparaître les oiseaux. Autour des feux, ils dansent en étendant les ailes. Leurs danses lentes et belles peuvent guérir les chagrins d'amour.

NOTES

– Accepter les variantes pertinentes.
– À ce stade, on ne s'attend pas à ce que l'élève fasse l'accord du verbe avec le sujet.

CORRIGÉ • Document reproductible 8-3 *a* et *b*

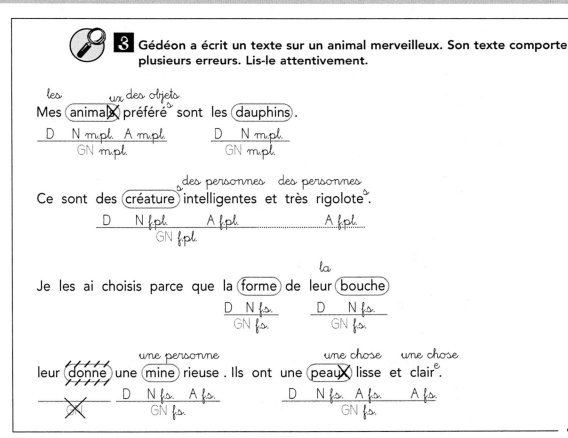

3 Gédéon a écrit un texte sur un animal merveilleux. Son texte comporte plusieurs erreurs. Lis-le attentivement.

les / ux / des objets / s
Mes (animal~~x~~) préféré(s) sont les (dauphins).
D N m.pl. A m.pl. — D N m.pl.
GN m.pl. — GN m.pl.

des personnes / des personnes
Ce sont des (créature(s)) intelligentes et très rigolote(s).
D N f.pl. A f.pl. A f.pl.
GN f.pl.

la
Je les ai choisis parce que la (forme) de leur (bouche)
D N f.s. — D N f.s.
GN f.s. — GN f.s.

une personne / une chose / une chose
leur ~~(donne)~~ une (mine) rieuse . Ils ont une (peau~~X~~) lisse et clair(e).
~~GN~~ — D N f.s. A f.s. — D N f.s. A f.s. A f.s.
GN f.s. — GN f.s.

Les / des personnages

Ces beaux (acrobate)s extrêmement habile s habitent dans les (océans).

D A m.pl. N m.pl. — A m.pl. — D N m.pl.

GN m.pl. — GN m.pl.

On dit que ce sont des (mammifères) parce que les (femelles)

D N m.pl. — D N f.pl.

GN m.pl. — GN f.pl.

les / un personnage

allaitent leurs (petits). Elles les ~~(nourrissent)~~ de riche (lait) chaud .

D N. m.pl. — ~~GN~~ — A m.s. N m.s. A m.s.

GN m.pl. — GN m.s.

Les / des personnages

Ces étonnant s (mammifères) marin s respirent par un petit (trou)

D A m.pl. N m.pl. A m.pl. — D A m.s. N m.s.

GN m.pl. — GN m.s.

des choses

sur le (crâne). Quand il nage , le (dauphin) envoie des (ondes) sonores .

D N m.s. — D N m.s. — D N f.pl. A f.pl.

GN m.s. — GN m.s. — GN f.pl.

des / ux / la

Grâce à ces (signa~~l~~), il s'oriente dans la (mer) et localise sa (nourriture).

D N m.pl. — D N f.s. — D N f.s.

GN m.pl. — GN f.s. — GN f.s.

a) **Vérifie le travail de Gédéon et complète ses traces en indiquant les déterminants, les noms et les adjectifs, ainsi que le genre et le nombre du GN (au besoin, va revoir les traces à la page 130 dans le manuel).**

b) **Laisse les traces de ton raisonnement et apporte les corrections nécessaires.**

NOTE

Pour les élèves qui auraient de la difficulté à faire le travail, proposer la démarche suivante :

- Les groupes de mots que Gédéon a soulignés sont-ils tous des GN ? Sont-ils soulignés au complet ?
- Gédéon a-t-il oublié de souligner certains GN ? Si oui, souligne-les.
- Vérifie les accords dans tous les GN de Gédéon.

Au besoin, montrer aux élèves comment prouver une erreur d'analyse (quelles traces laisser):

Si tu repères les erreurs suivantes:

– un mot encerclé qui n'est pas un nom,

– un groupe qui n'est pas souligné au complet,

tu corriges les traces de Gédéon et tu laisses la preuve qu'il a tort.

Exemple

lisait (On ne parle pas d'un *lit* dans cette phrase.)

Mon père nous ~~lit~~ beaucoup de belle^s^ histoires.

~~GN~~ D A f.pl. N f.pl. GN f.pl.

Faire remarquer l'utilité d'identifier d'abord le verbe conjugué dans la phrase.

SUGGESTION

Ajouter l'étape suivante

Forme une équipe avec un ou une camarade. Comparez les corrections que vous avez apportées sur le texte de Gédéon et discutez des cas problèmes.

AJOUT – Exercices sur l'adjectif en dehors du GN

1. Choisis quatre adjectifs parmi la liste de mots du *numéro 3 de la page 131*. Pour chaque adjectif, compose deux phrases:
   - une phrase avec l'adjectif en dehors du GN,
   - une autre phrase avec l'adjectif dans un GN.

Exemple: beau

Ces ordinateurs colorés sont très **beaux**.
GN m.pl. — A m.pl.

Mon grand frère adore ces **beaux** ordinateurs.
GN m.s. — D A N — GN m.pl.

L'élève doit choisir quatre adjectifs parmi les sept que contient la liste du numéro 3, p. 131: beau, bleu, familial, final, glacial, hivernal, nouveau.

2. Imagine une maison. Décris-la en quelques phrases (consulte la liste des adjectifs en annexe, *p. 286*). Ta description doit contenir deux adjectifs dans un GN et deux adjectifs en dehors du GN. Laisse les traces nécessaires.

3. Composer ou choisir un texte d'élève (parmi ceux composés dans l'exercice précédent) contenant des adjectifs attributs, le photocopier puis le distribuer aux élèves avec les consignes suivantes:
   - Repère les adjectifs en dehors du GN dans ce texte. N'oublie pas de laisser des traces.
   - Modifie le texte de façon que ces adjectifs se retrouvent dans un GN. Attention ! Tes phrases doivent rester complètes.

Chapitre 9 L'accord du verbe

→ p. 140

Qu'en sais-tu, qu'en penses-tu ?

Après que les élèves aient répondu aux questions de la rubrique en équipes, faire un retour en grand groupe:

- Écrire au tableau les différents moyens utilisés pour repérer un verbe et l'accorder. Demander aux élèves si certains moyens ou stratégies leur semblent plus efficaces que d'autres (par exemple: encadrer le verbe des mots de négation ou savoir par cœur que *est* et *dit* sont des verbes...).
- Encourager les élèves pour leurs connaissances sur les verbes et leur annoncer que les activités de ce long chapitre qui s'amorce les amèneront à comprendre plusieurs moyens pour réussir chaque étape de l'accord du verbe avec le sujet.

Rappeler ces étapes en relisant la *page 94 du manuel* avec toute la classe. Concrétiser ces étapes pour l'accord du verbe:

1. identifier le verbe,
2. trouver avec quoi le verbe doit s'accorder (trouver le sujet),
3. écrire la finale de verbe adéquate.

→ p. 141

1. Repérer le verbe

Cette section présente trois caractéristiques du verbe: l'encadrement par les mots de négation, la variation des finales selon le temps et la possibilité de le conjuguer. Ces trois caractéristiques sont autant de moyens pour repérer un verbe conjugué dans une phrase. La distinction entre verbe conjugué et verbe à l'infinitif est aussi abordée.

Dans les consignes, lorsque le mot *verbe* n'est pas précisé par les termes *infinitif* ou *conjugué*, il s'agira toujours du verbe conjugué. Seuls les verbes conjugués doivent être repérés pour l'accord avec le sujet, mais le recours à l'infinitif sera nécessaire pour rechercher la finale (verbes à l'infinitif en *-er* ou autres verbes).

Les élèves ont peut-être déjà appris à reconnaître le verbe conjugué au moyen de la négation. Ce repérage est en effet utile bien avant d'aborder l'accord du verbe, aidant l'élève à ponctuer les phrases et à repérer les groupes du nom.

Le repérage du verbe conjugué est un point de départ dans une procédure pour identifier les phrases à l'écrit (et marquer la majuscule et le point). Une phrase étant formée d'un verbe et de groupes de mots autour de ce verbe (minimalement un mot à gauche: *Il dort.*), l'élève identifie les verbes de son texte à l'aide de la négation, puis regarde les mots ou groupes de mots autour de chacun de façon intuitive (il ne s'agit aucunement d'analyser les groupes ni les constituants de la phrase). Lorsqu'un groupe de mots se rattache plutôt au verbe suivant, cela veut dire que ce groupe appartient à l'autre phrase. Pour marquer les frontières d'une phrase avec la majuscule et le point, l'élève doit donc s'assurer que tous les groupes sont bien en relation avec le verbe repéré et non avec le verbe suivant. Cette procédure n'est pas parfaite – on garde pour plus tard les phrases complexes et les phrases sans verbe comme les exclamations (*Quel dommage ! Bravo ! Fragile !* etc.) – mais elle peut aider l'élève à ponctuer ses phrases de manière bien plus concrète et opérationnelle que le traditionnel recours au «sens».

Quant à l'accord dans le groupe du nom, le repérage du verbe conjugué permet d'éviter des erreurs pour des mots qui peuvent être soit nom soit verbe, et qui ne sont pas aussi rares qu'on le croirait (*porte, danse, griffe, montre, fête...*).

Si les élèves ne l'ont pas appris, nous conseillons (au point 6.2 du chapitre général du présent guide, portant sur la planification par étapes, à la page 18) de voir le repérage du verbe conjugué par la négation avant de travailler l'accord dans le groupe du nom.

Voici quelques **difficultés à prévoir au début** avec les trois manipulations pour trouver le verbe conjugué.

- L'encadrement par les mots de négation est une manipulation qui réussit presque à 100%. Ce test fait même bien le tri entre le verbe conjugué (*Ludo **ne** chante **pas** souvent.*) et le verbe à l'infinitif (*SVP, **ne pas** courir.*) pour lequel les mots de négation se retrouvent collés. Toutefois, le participe présent «passe» aussi le test de la négation (*Les jeunes arrivent en **ne** chantant **pas**.*) si bien que certaines et certains élèves écriront alors *chantanent* !
- Changer le temps du verbe dans la phrase peut rendre les élèves perplexes en présence de temps composés (*il a chanté* donne *il n'a pas chanté* avec le test de négation mais *il chantera* ou *il chantait* avec le changement de temps... dans ce cas, pour l'élève, le verbe est-il *a* ou *chanté* ?? Heureusement, plusieurs diront aussi *il avait chanté*, ce qui ne pose alors aucun problème pour l'accord sujet-verbe).
- Enfin, la conjugaison, hors contexte, amènera des élèves à conjuguer certains noms comme *fête* dans des phrases comme *Julie a hâte à sa fête*. Pour toutes ces raisons, nous voulons habituer l'élève à utiliser plusieurs moyens pour identifier les verbes conjugués de ses textes comme en témoignent les traces demandées dans les *exercices de la page 145*.

REPÉRER LE VERBE
Corrigé des exercices, p.145-147

NOTE GÉNÉRALE

Pour éviter que les traces soient trop lourdes, rappeler à l'élève de choisir *deux* preuves sur les trois proposées. Pour le verbe à un autre temps, *un* des deux temps suffit (le passé *ou* le futur). Dans le cas du verbe conjugué, l'élève écrit *un* des pronoms.

Ainsi, les traces laissées dans l'exemple suivant sont jugées complètes.

je parle
ne pas
Les élèves [parlent] avec un écrivain.
V

1.

écrivait, écrira
j'écris, tu écris, il écrit
n' pas
a) Mathis [écrit] à ses amis inuits.
V

passionnait, passionnera
je passionne, tu passionnes, elle passionne
ne pas
b) Leur vie [passionne] le garçon.
V

parlaient, parleront
je parle, tu parles, il parle
ne pas

c) Les Inuits [parlent] leur propre langue .
V

prenait, prendra
je prends, tu prends,
il prend
ne pas

découvrait, découvrira
je découvre, tu découvres,
il découvre
ne pas

d) En rêve , il [prend] l' avion et [découvre] le Grand Nord .
V V

attendait, attendra
j'attends, tu attends, il attend
n' pas

e) Un ours polaire [attend] sur la banquise ...
V

NOTE

S'il y en a qui se posent la question, la langue des Inuits est l'inuktitut (le *t* final se prononce).

VARIANTE

Donner ces phrases (ou d'autres phrases aussi simples) comme dictée de la semaine. Faire étudier les mots avant la dictée ou écrire au tableau les mots plus difficiles, car c'est surtout le repérage du verbe qu'on travaille ici et non l'orthographe. Le fait de dicter les phrases rend l'exercice de repérage du verbe plus difficile (car il peut être mal écrit par l'élève) mais le travail à effectuer ressemble alors davantage à celui que l'élève doit effectuer lorsqu'il écrit ses propres textes.

2.

cherchait, cherchera
je cherche, tu cherches, il cherche
ne pas

a) Un souriceau [cherche] du fromage dans une armoire .
V

étaient, seront
je suis, tu es, il est
ne pas

b) Ses provisions [sont] épuisées .
V

arrivait, arrivera
j'arrive, tu arrives, il arrive
n' pas

c) Soudain , il [arrive] nez à nez avec le chaton de la maison .
V

trouvait, trouvera
je trouve, tu trouves, il trouve
ne pas

d) Minou [trouve] le souriceau appétissant .
V

réfléchissait, réfléchira — retournait, retournera
je réfléchis, tu réfléchis, il réfléchit — je retourne, tu retournes, il retourne
ne pas — ne pas

e) Le petit rongeur [réfléchit] à son avenir et [retourne] dans son trou !
V — V

CORRIGÉ • Document reproductible 9-1

RAPPEL : L'élève doit laisser deux traces parmi les trois preuves du verbe conjugué.

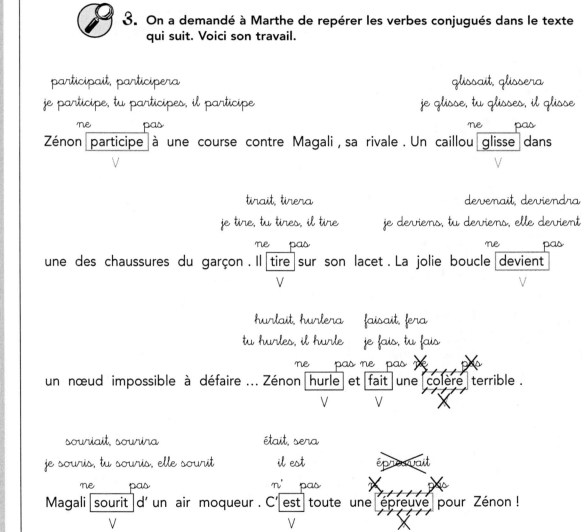

3. On a demandé à Marthe de repérer les verbes conjugués dans le texte qui suit. Voici son travail.

participait, participera — glissait, glissera
je participe, tu participes, il participe — je glisse, tu glisses, il glisse
ne pas — ne pas

Zénon [participe] à une course contre Magali , sa rivale . Un caillou [glisse] dans
V — V

tirait, tirera — devenait, deviendra
je tire, tu tires, il tire — je deviens, tu deviens, elle devient
ne pas — ne pas

une des chaussures du garçon . Il [tire] sur son lacet . La jolie boucle [devient]
V — V

hurlait, hurlera — faisait, fera
tu hurles, il hurle — je fais, tu fais
ne pas — ne pas — ~~ne~~ ~~pas~~

un nœud impossible à défaire … Zénon [hurle] et [fait] une [colère] terrible .
V — V — ~~V~~

souriait, sourira — était, sera — ~~éprouvait~~
je souris, tu souris, elle sourit — il est
ne pas — n' pas — ~~ne~~ ~~pas~~

Magali [sourit] d' un air moqueur . C' [est] toute une [épreuve] pour Zénon !
V — V — ~~V~~

a) **Vérifie si Marthe a fait des erreurs en repérant les verbes. Laisse des traces de ton raisonnement.**

b) **Raye les erreurs d'analyse et ajoute les traces qui manquent.**

4. EXEMPLE DE SUITE

L'oisillon reste dans son nid. Un jour, un matou veut manger l'oiseau. Le petit est prisonnier du nid. Sa mère vient à son secours. L'oisillon décide d'apprendre à voler.

Repérage fait à partir de l'exemple précédent:

restait, restera — voulait, voudra
je reste, tu restes, il reste — je veux, tu veux, il veut
ne pas — ne pas
L'oisillon [reste] dans son nid. Un jour, un matou [veut] manger l'oiseau.
V — V

était, sera — venait, viendra
je suis, tu es, il est — je viens, tu viens, elle vient
n' pas — ne pas
Le petit [est] prisonnier du nid. Sa mère [vient] à son secours.
V — V

décidait, décidera
je décide, tu décides, il décide
ne pas
L'oisillon [décide] d'apprendre à voler.
V

NOTE

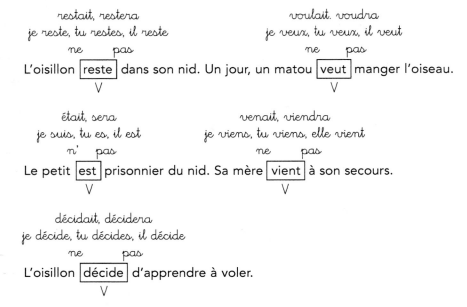

Ne pas s'attendre à ce que l'élève réalise l'accord du verbe. Il s'agit ici du stade d'identification du verbe.

SUGGESTION

Ajouter l'étape suivante:

Étape 3

Quand tu as terminé, forme une équipe avec un ou une camarade. Ensemble, vérifiez oralement si les mots encadrés dans chaque texte sont bel et bien des verbes.

PROLONGEMENT

Dicter la suite de texte proposée ci-dessus et demander aux élèves de refaire les étapes 1 et 2 à partir de ce nouveau texte.

+ Exercice supplémentaire

Proposer l'exercice suivant sur le repérage du verbe conjugué et sa forme à l'infinitif. Comme les phrases contiennent des mots difficiles pour l'élève, il serait probablement préférable d'écrire le texte au tableau et de faire faire le travail en équipes plutôt que de les donner en dictée.

Chacune des phrases suivantes contient un verbe conjugué. Lis-les attentivement.

a) Quel oiseau est le champion du battement d'ailes?
b) Le record appartient au colibri à huppe d'or, un oiseau minuscule.
c) Il bat des ailes environ 90 fois la seconde.
d) Ce mouvement fait un bourdonnement.
e) Pour cette raison, le colibri s'appelle aussi oiseau-mouche.
f) Le colibri verveine pond les plus petits œufs du monde.

g) Son œuf mesure moins de 1 cm de long.

h) Ce colibri construit un nid de la taille d'une demi-coque de noix.

Étape 1 **Recopie le début de chaque phrase jusqu'au verbe. Pour chaque verbe, laisse des traces.**

était, sera
je suis, tu es, il est
n' pas
a) Quel oiseau [est]
V

pondait, pondra
je ponds, tu ponds, il pond
ne pas
f) Le colibri verveine [pond]
V

appartenait, appartiendra
j'appartiens, tu appartiens, il appartient
n' pas
b) Le record [appartient]
V

mesurait, mesurera
je mesure, tu mesures, il mesure
ne pas
g) Son œuf [mesure]
V

battait, battra
je bats, tu bats, il bat
ne pas
c) Il [bat]
V

construisait, construira
je construis, tu construis, il construit
ne pas
h) Ce colibri [construit]
V

faisait, fera
je fais, tu fais, il fait
ne pas
d) Ce mouvement [fait]
V

appelait, appellera
je m'appelle, tu t'appelles, il s'appelle
ne pas
e) Pour cette raison, le colibri [s'appelle]
V

Rappelle-toi comment trouver l'infinitif d'un verbe conjugué.

Étape 2 **Donne l'infinitif de chaque verbe conjugué que tu as trouvé.**

a) Il va... **être** **c)** Il va... **battre** **e)** Il va... **s'appeler** **g)** Il va... **mesurer**

b) Il va... **appartenir** **d)** Il va... **faire** **f)** Il va... **pondre** **h)** Il va... **construire**

5. Étape 1

SUGGESTIONS

- Placer les élèves en équipes et faire faire cette étape oralement. Autrement, demander aux élèves de recopier les phrases avant de faire le travail de repérage.
- À la phrase *c*, voir si les élèves ont instinctivement inclus le *se* dans le cadre. Expliquer que le *se* va avec le sens du verbe et qu'il doit rester collé à lui. Il y a donc quelques variantes à connaître sur la position du *ne* qui, dans quelques cas comme celui-ci, ne se positionne pas immédiatement à gauche du verbe. (Voir aussi la construction des phrases négatives dans le chapitre 6, *à la page 250 du manuel*.)

peignait, peindra
je peins, tu peins, il peint
ne pas

a) L'artiste [peint] d'abord une cage avec une porte ouverte.
V

dessinait, dessinera
je dessine, tu dessines, il dessine
ne pas

b) Il [dessine] ensuite quelque chose de joli pour l'oiseau.
V

posait, posera / se cachait, se cachera
je pose, tu poses, il pose / je me cache, tu te caches, il se cache
ne pas / ne pas

c) Le peintre [pose] la toile contre un arbre et [se cache] derrière.
V V

attendait, attendra
j'attends, tu attends, il attend
n' pas

d) L'artiste [attend] l'entrée de l'oiseau dans la cage.
V

fermait, fermera
je ferme, tu fermes, il ferme
ne pas

e) Il [ferme] doucement la porte avec le pinceau.
V

Étape 2

SUGGESTION

Faire vérifier l'infinitif oralement : demander à l'élève si l'infinitif se dit bien après *Il va*.

Exemple : *Il va faire un portrait.*

Faire remarquer aux élèves que le texte obtenu est comme une recette poétique ou une marche à suivre pour un bricolage !

a) Peindre d'abord une cage…
Vinf

b) Dessiner ensuite quelque chose…
Vinf

c) Placer la toile… et se cacher….
Vinf Vinf

d) Attendre l'entrée de l'oiseau…
Vinf

e) Fermer doucement la porte…
Vinf

6. EXEMPLES (LES INFINITIFS SONT EN ITALIQUE)

Porter des chaussures trop grandes.
Rire beaucoup.
Sourire souvent.
Porter un nez rouge.
Se poudrer le visage.
Raconter des histoires.
Gonfler des ballons.
Être maladroit.
Faire des farces.
Jouer des tours.
Être comique.
Porter une drôle de perruque.
Avoir des vêtements trop grands.
Tirer sur ses bretelles.

SUGGESTION DE PROLONGEMENT

Partir des réponses présentées ci-dessus pour créer des phrases comportant un verbe conjugué, dicter ces phrases aux élèves et leur demander de refaire sur ces nouveaux exemples les étapes 1 et 2 du numéro 5.

7 NOTE

Voici le corrigé de l'étape 1 avec, en italique, des exemples de phrases que les élèves pourraient composer à l'étape 2.

a) voir: *Ma sœur voit un canard dans l'étang.*

b) courir: *Une autruche courait après son petit.*

c) supporter: *Je supporte difficilement ces cris.*

d) contenir: *Mon panier contient des œufs.*

e) battre: *Nous battrons ces œufs pour faire une omelette.*
accomplir: *Cet oiseau accomplissait des merveilles.*

PROLONGEMENT

À partir des phrases ci-dessus et de celles des élèves, créer un ou deux exercices supplémentaires de repérage du verbe conjugué. Par exemple, choisir cinq phrases, les dicter et demander aux élèves de repérer les verbes conjugués en laissant des traces.

Autre variante

Demander de remplacer le verbe conjugué – et seulement lui – par un autre verbe (la phrase peut changer de sens mais doit tout de même en avoir ! ex: *Une autruche **courait** après son petit... Une autruche **criait** après son petit*).

→ p. 148

2. Repérer le sujet

Cette section du chapitre présente la fonction sujet dans le but de réaliser l'accord avec le verbe. Le groupe sujet comme groupe obligatoire de la phrase sera vu normalement au cours de la deuxième année du cycle, au chapitre 5 sur la phrase déclarative (voir la section 6 du présent guide, Répartition des contenus à la p. 15).

Pour présenter la fonction sujet, le groupe du nom sujet (GN-S) et le pronom sujet (Pron-S) sont traités séparément dans le manuel (*en 2.2 et 2.3*), et ce, pour diverses raisons.

D'abord pour la justesse grammaticale, en effet, puisque le groupe du nom (GN) a nécessairement un noyau qui est un nom, un pronom ne constitue pas un GN mais peut le remplacer. De plus, un pronom ne remplace pas toujours un GN, comme l'élève le verra au début de la partie 2 (*p. 56-57*).

Ensuite pour l'apprentissage, les manipulations d'identification du sujet (pronominalisation, encadrement par *c'est ... qui*, et la traditionnelle interrogation) fonctionnent bien lorsque le sujet est un GN mais nécessitent quelques ajustements avec un pronom sujet (on dit ***C'est** toi*

qui *parles* et non * ***C'est*** *tu* ***qui*** *parles*). Afin d'éviter ces ajustements, les élèves observeront les pronoms personnels sujets selon la personne, puis feront le tri entre les pronoms qui sont toujours sujets (*je, tu, il, ils, on*) et ceux pour lesquels il faut vérifier la fonction par une manipulation comme l'encadrement (***C'est*** *nous* ***qui*** *parlons,* ***C'est*** *elle* ***qui*** *nous parlait*).

Les pronoms toujours sujets constituent une petite liste à apprendre par cœur et pour lesquels on n'a plus à se poser de question. Ce raccourci dans le raisonnement grammatical règle du même coup des difficultés dans des phrases comme :

Il tombe beaucoup de feuilles à l'automne

conduisant logiquement à *Qu'est-ce qui tombe ?* beaucoup de feuilles…
ou ***C'est*** *beaucoup de feuilles* ***qui*** *tombent…*

REPÉRER LE SUJET
Corrigé des exercices, p.152 et 153

NOTE GÉNÉRALE

Bien préciser à l'élève qu'il suffit de laisser deux des trois traces présentées dans le corrigé pour le V et pour le GN-S.

1. NOTE

Les réponses de l'étape 1 et de l'étape 2 sont regroupées.

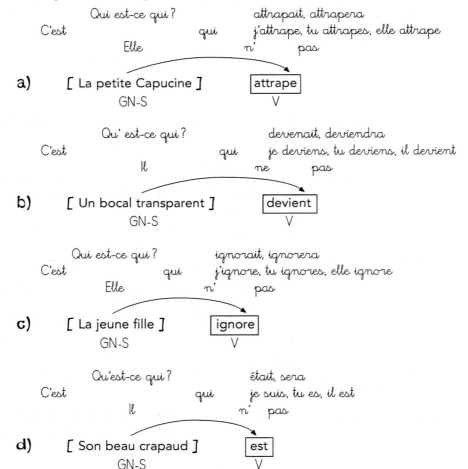

Qui est-ce qui ? — attrapait, attrapera
C'est … qui — j'attrape, tu attrapes, elle attrape
Elle — n' … pas

a) [La petite Capucine] **attrape**
GN-S — V

Qu'est-ce qui ? — devenait, deviendra
C'est … qui — je deviens, tu deviens, il devient
Il — ne … pas

b) [Un bocal transparent] **devient**
GN-S — V

Qui est-ce qui ? — ignorait, ignorera
C'est … qui — j'ignore, tu ignores, elle ignore
Elle — n' … pas

c) [La jeune fille] **ignore**
GN-S — V

Qu'est-ce qui ? — était, sera
C'est … qui — je suis, tu es, il est
Il — n' … pas

d) [Son beau crapaud] **est**
GN-S — V

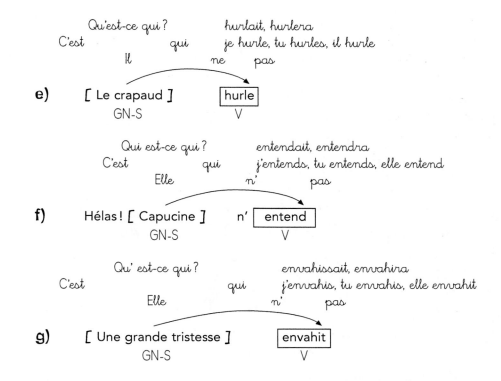

Qu'est-ce qui ? hurlait, hurlera
C'est qui je hurle, tu hurles, il hurle
Il ne pas

e) [Le crapaud] hurle
GN-S V

Qui est-ce qui ? entendait, entendra
C'est qui j'entends, tu entends, elle entend
Elle n' pas

f) Hélas ! [Capucine] n' entend
GN-S V

Qu' est-ce qui ? envahissait, envahira
C'est qui j'envahis, tu envahis, elle envahit
Elle n' pas

g) [Une grande tristesse] envahit
GN-S V

CORRIGÉ • Document reproductible 9-2 *a* et *b*

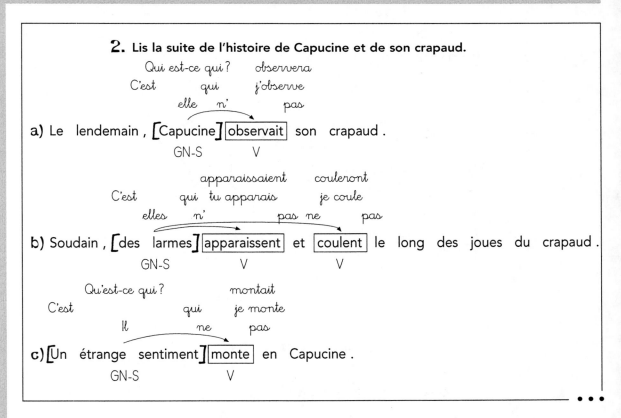

2. Lis la suite de l'histoire de Capucine et de son crapaud.

Qui est-ce qui ? observera
C'est qui j'observe
elle n' pas

a) Le lendemain , [Capucine] observait son crapaud .
GN-S V

apparaissaient couleront
C'est qui tu apparais je coule
elles n' pas ne pas

b) Soudain , [des larmes] apparaissent et coulent le long des joues du crapaud .
GN-S V V

Qu'est-ce qui ? montait
C'est qui je monte
Il ne pas

c) [Un étrange sentiment] monte en Capucine .
GN-S V

•••

Qui est-ce qui ? pleureront pensait Qui est-ce qui ?
C'est qui tu pleures je pense C'est qui
ils ne pas ne pas elle

d) « D'habitude , [les crapauds] ne pleurent pas », pense [la jeune fille].
GN-S V V GN-S

Qui est-ce qui ? regardera
C'est qui je regarde
Il ne pas

e) [Le prince] regarde Capucine droit dans les yeux .
GN-S V

Qu'est-ce qui ? atteindra
C'est qui tu atteins
Il n' pas

f) [Son secret] atteint enfin Capucine .
GN-S V

Qu'est-ce qui ? bondissait
C'est qui je bondis
Il ne pas

g) [L'animal] bondit de joie .
GN-S V

Qui est-ce qui ? saisira déposait,
C'est qui tu saisis je dépose
Elle ne pas ne pas

h) [La demoiselle] saisit le crapaud et dépose un délicat baiser sur sa tête .
GN-S V V

Qu'est-ce qui ? opérait
C'est qui j'opère
Elle n' pas

i) [La magie] opère.
GN-S V

Qu'est-ce qui ? se transformait
C'est qui je me transforme
Elle ne pas

j) [La créature] se transforme en prince grognon et insupportable !
GN-S V

- **Repère le GN-S et le verbe conjugué de chaque phrase. Pour chacun, laisse des traces.**
- **Fais une flèche allant du GN-S au verbe.**

SUGGESTION

Ajouter l'étape suivante :

Étape 2

Forme une équipe avec deux camarades et faites une mise en commun de vos réponses.

CORRIGÉ • Document reproductible 9-3

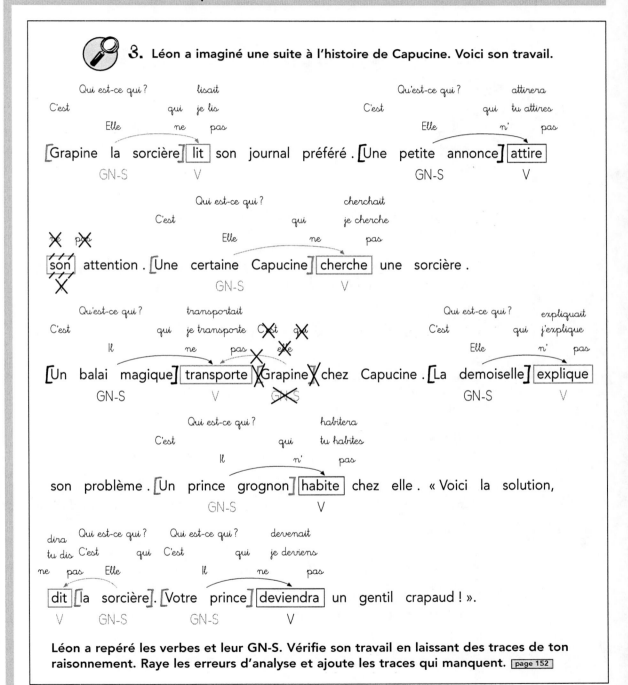

3. Léon a imaginé une suite à l'histoire de Capucine. Voici son travail.

Qui est-ce qui ? lisait Qu'est-ce qui ? attirera
C'est qui je lis C'est qui tu attires
Elle ne pas Elle n' pas
[Grapine la sorcière] [lit] son journal préféré. [Une petite annonce] [attire]
GN-S V GN-S V

Qui est-ce qui ? cherchait
C'est qui je cherche
~~ne~~ ~~pas~~ Elle ne pas
~~[son]~~ attention. [Une certaine Capucine] [cherche] une sorcière.
GN-S V

Qu'est-ce qui ? transportait Qui est-ce qui ? expliquait
C'est qui je transporte ~~C'est~~ ~~qui~~ C'est qui j'explique
Il ne pas ~~elle~~ Elle n' pas
[Un balai magique] [transporte] ~~[Grapine]~~ chez Capucine. [La demoiselle] [explique]
GN-S V ~~GN-S~~ GN-S V

Qui est-ce qui ? habitera
C'est qui tu habites
Il n' pas
son problème. [Un prince grognon] [habite] chez elle. « Voici la solution,

dira Qui est-ce qui ? Qui est-ce qui ? devenait
tu dis C'est qui C'est qui je deviens
ne pas Elle Il ne pas
[dit] [la sorcière]. [Votre prince] [deviendra] un gentil crapaud ! ».
V GN-S GN-S V

Léon a repéré les verbes et leur GN-S. Vérifie son travail en laissant des traces de ton raisonnement. Raye les erreurs d'analyse et ajoute les traces qui manquent. page 152

SUGGESTION

Pour les élèves qui auraient besoin d'aide, proposer une démarche de vérification du travail de repérage des GN-S et des verbes. Au besoin, montrer aux élèves comment prouver une erreur d'analyse (quelles traces laisser).

- Si tu repères les erreurs suivantes:
  - un mot encadré qui n'est pas un verbe conjugué,
  - un groupe entre crochets qui n'est pas sujet,

  raye les traces de Léon et laisse la preuve qu'il a tort.
- Si tu repères des GN-S qui ne sont pas entre crochets ou des verbes qui ne sont pas encadrés, ajoute les traces qui manquent.

EXEMPLE

C'est qui ~~j'étrange~~ ~~t'étranges~~
Ils ✗ ✗ne ✗pas

[Les crapauds de ✗ l' étang] [sont] de très ~~[étranges]~~ créatures .
GN-S V

4

NOTE

Faire remarquer que le GN-S de chaque phrase devrait être un groupe du nom comme *la directrice, la dangereuse mission, l'espion*, etc., mais pas un pronom sujet comme *je, tu, il*, etc.

SUGGESTIONS

- Inviter les élèves à s'inspirer des missions suivantes:
  - Découvrir la cachette secrète de quelqu'un.
  - Trouver un cadeau d'anniversaire bien caché…
  - Inventer un code secret pour communiquer avec un ou une camarade.
- Aux élèves qui ont besoin d'aide, proposer les étapes suivantes:

Étape 1

Compose un court texte de cinq phrases dans lequel tu décris la mission.

EXEMPLE

Rusé l'espion regarde sa sœur par la fenêtre. Martine compte ses bonbons sur son lit. Une fusée de carton est à côté d'elle. Les bonbons étaient dans la fusée. Le jeune homme sait maintenant où trouver des friandises.

Étape 2

Repère les verbes conjugués dans ton texte. Pour chacun, laisse des traces.

Étape 3

Repère le GN-S de chaque verbe conjugué que tu as trouvé. Laisse des traces pour chacun.

Étape 4

Quand tu as terminé les étapes 1, 2 et 3, forme une équipe avec un ou une camarade. Ensemble, vérifiez que les GN-S et les verbes conjugués ont été correctement repérés dans vos deux textes.

Corrigé des étapes 2 et 3, établi à partir de l'exemple

Qui est-ce qui ? regardait
C'est qui je regarde
Il ne pas

[Rusé l' espion] [regarde] sa sœur par la fenêtre .
GN-S V

Qui est-ce qui ? compteras
C'est qui tu comptes
Elle ne pas

[Martine] compte ses bonbons sur son lit .
GN-S V

Qui est-ce qui ? était
C'est qui je suis
Elle n' pas

[Une fusée de carton] est à côté d' elle .
GN-S V

Qu'est-ce qui ? seront
C'est qui j'étais
Ils n' pas

[Les bonbons] étaient dans la fusée .
GN-S V

Qui est-ce qui ? savait
C'est qui tu sais
Il ne pas

[Le jeune homme] sait maintenant où trouver des friandises .
GN-S V

PROLONGEMENTS

– Cet exercice peut être repris l'année suivante avec le même sujet. Il peut également se faire à quelques reprises à partir de missions proposées par l'enseignant ou l'enseignante, ou encore par les élèves. Exemples de missions: construire un fort dans la neige, découvrir où un personnage cache sa collection de coquillages, cacher un message secret, trouver un repaire pour se cacher, inventer un déguisement pour se camoufler en forêt.
– Dicter le texte donné en exemple ci-dessus et faire refaire les étapes 2 et 3.

+ Exercice supplémentaire

SUGGESTION

Les phrases de ce premier exercice pourront être écrites au tableau.

Récris chaque phrase en remplaçant son GN-S par le bon pronom parmi les suivants: *Il, Elle, Ils* ou *Elles*.

a) Stella pratique l'espionnage.

b) Cette activité secrète comporte des risques.

c) Plusieurs espions pratiquent l'espionnage à distance.

d) Des chercheurs inventent des satellites espions.

e) Ces fameuses machines détectent une grappe de raisins placée à des centaines de kilomètres !

f) L'avion téléguidé peut prendre des photos à la place d'un espion.

SUGGESTION

Au besoin, raccourcir la tâche de l'élève en lui demandant de recopier les phrases jusqu'au verbe conjugué seulement.

Par exemple :

a) **Elle** pratique…

b) **Elle** comporte…

c) **Ils** pratiquent…

d) **Ils** inventent…

e) **Elles** détectent…

f) **Il** peut…

PROLONGEMENT

Refaire ce même exercice en prenant des textes d'élèves composés au numéro 4.

+ Exercice supplémentaire

SUGGESTION

Écrire au tableau ou dicter le texte de cet exercice et donner oralement les consignes.

Lis le texte qui suit.

Des outils pour espions

Les petits micros servent pour l'écoute à distance. Les petits micros collent partout, même dans une plante verte ! Les lunettes spéciales permettent de voir dans le noir. Les lunettes spéciales détectent la chaleur des gens. Un document déchiqueté reste souvent dans la poubelle. Le document déchiqueté révèle des secrets. La caméra miniature rend de précieux services. La caméra miniature s'installe, par exemple, dans une horloge.

Étape 1

Repère dans le texte tous les GN-S. Laisse des traces pour chacun.

Étape 2

Raye les GN-S qui se répètent inutilement et remplace-les par le bon pronom parmi les suivants : *Il, Elle, Ils, Elles.*

NOTE

Pour éviter d'alourdir la présentation du corrigé, les marques n'ont pas été répétées pour les GN-S répétitifs.

Des outils pour espions

C'est Qu'est-ce qui ? qui
Ils Ils

[Les petits micros] servent pour l'écoute à distance. [~~Les petits micros~~] collent partout,
GN-S GN-S

C'est Qu'est-ce qui ? qui
Elles

même dans une plante verte ! [Les lunettes spéciales] permettent de voir dans le noir.
GN-S

C'est Qu'est-ce qui ? qui
Elles Il

[~~Les lunettes spéciales~~] détectent la chaleur des gens. [Un document déchiqueté]
GN-S GN-S

Il

reste souvent dans la poubelle. [~~Le document déchiqueté~~] révèle des secrets.
GN-S

C'est Qu'est-ce qui ? qui

Elle   Elle

[La caméra miniature] rend de précieux services. [~~La caméra miniature~~] s'installe,

GN-S   GN-S

par exemple, dans une horloge.

2.3 Reconnaître le pronom sujet
Corrigé des exercices, p.160-163

1. NOTE

Le personnage aux cheveux courts et chandail bleu, qui tient la boîte, n'a pas de nom dans la bande dessinée; ce peut être un garçon ou une fille. Il serait sans doute préférable d'inviter les élèves à lui attribuer un nom (par exemple *Karl* ou *Dalia*) avant de répondre aux questions.

a) Le premier *j'* = Karl *ou* Dalia; le deuxième *j'* = Sudie.

b) Le premier *tu* = Sudie; le deuxième *tu* = Karl *ou* Dalia.

c) Le premier *nous* = Karl *ou* Dalia et son animal; le deuxième *nous* = Sudie et sa sœur.

d) Le premier *vous* = Sudie et sa sœur; le deuxième *vous* = Karl *ou* Dalia et son animal.

e) Karl *ou* Dalia.

f) Sudie et sa sœur.

2 a) **2.** Dalia parle à Puce.
3. Tara parle au groupe (*Accepter aussi* : Elle ne parle à personne en particulier).
4. Tara parle à Marguerite et à Fleurette.
5. Puce parle à Sudie.
6. Puce parle à Fleurette.
7. Tara parle à tous les autres, sauf à Puce et à Fleurette.

b) Dans la tente bleue, il y a Dalia, Puce et Sudie.
Dans la tente rouge, il y a Tara, Marguerite et Fleurette.

3. b) *Tout à coup, nous entendons quelque chose.* **Quelqu'un** *(Accepter aussi* **Quelque chose**) *rôdait autour de notre tente !*

c) **Nous** *avons marché longtemps dans la forêt. Après quelques heures,* **nous** *avons compris que* **nous** *étions perdues.* **Nous** *avons utilisé notre sifflet. Peu après,* **quelqu'un** *venait à notre rescousse.*

NOTE

Faire remarquer que lors de la substitution de *on* par *nous*, il y a changement de personne du verbe. À ce stade, ne pas s'attendre à ce que l'élève orthographie correctement les verbes.

4. **4.** *Elle* = l'idée
7. *Elles* = les toiles
9. *Elle* = la directrice du musée
11. *Il* = le peintre Arcimboldo
12. *Ils* = les rigolos portraits avec des légumes, des fruits et des fleurs

5 NOTE

Proposer les phrases ci-dessous en dictée (peut-être faire deux dictées de cinq phrases chacune). Les faire écrire à quadruple interligne. Demander ensuite d'effectuer le travail de repérage.

1. *Il pense au musée.*
2. *Nous allons au musée pour la première fois.*
3. *Tu seras au musée avec nous ?*
4. *Nous t'attendrons sur les marches du musée.*
5. *Tu ne peux pas nous accompagner.*

6. *Je pensais y aller avec vous !*
7. *Vous me rapporterez un souvenir de votre visite.*
8. *Ta sœur, elle viendra avec nous ?*
9. *Ma sœur ? Elle travaille au musée !*
10. *On pourra visiter le musée avec elle.*

Corrigé

1. [Il] pense au musée.
Pron-S V

Qui est-ce qui ?
C'est qui

2. [Nous] allons au musée pour la première fois.
Pron-S V

3. [Tu] seras au musée avec nous ?
Pron-S V

Qui est-ce qui ?
C'est qui

4. [Nous] t'attendrons sur les marches du musée.
Pron-S V

5. [Tu] ne peux pas nous accompagner.
Pron-S V

6. [Je] pensais y aller avec vous !
Pron-S V

Qui est-ce qui ?
C'est qui

7. [Vous] me rapporterez un souvenir de votre visite.
Pron-S V

Qui est-ce qui ?
C'est qui

8. Ta sœur, [elle] viendra avec nous ?
Pron-S V

Qui est-ce qui ?
C'est qui

9. Ma sœur ? [Elle] travaille au musée !
Pron-S V

10. [On] pourra visiter le musée avec elle.
Pron-S V

+ Exercice supplémentaire

SUGGESTION

Le texte de ces deux exercices peut être dicté et les questions lues oralement.

Écris le texte suivant :

Lucio attendait au musée. Elle vient le rejoindre. Lucio l'invite à boire une limonade. Elle accepte.

a) **Que désigne le premier *Elle* dans ce texte ? le deuxième ?**

b) **Quelle personne pourrait se cacher derrière ces pronoms *Elle* ? Invente trois possibilités.**

c) **Récris le texte en remplaçant le premier pronom *Elle* par un GN.**

d) **Dans ton texte, que désigne le deuxième *Elle* ?**

Corrigé

a) Ils désignent une fille ou une femme. Mais on ne peut la nommer.

b) *EXEMPLES DE RÉPONSES*

La sœur de Lucio, l'amie de Lucio, la patronne de Lucio.

c) NOTE

Si nécessaire, fournir des exemples de GN.

EXEMPLE DE RÉÉCRITURE

Lucio attendait au musée. Sa mère vient le rejoindre. Lucio l'invite à boire une limonade. Elle accepte.

d) Réponse d'après la récriture proposée ci-dessus : *La mère de Lucio.*

+ Exercice supplémentaire

a) **Le texte suivant contient des erreurs dans l'utilisation des pronoms.**

Mathilde et Diane sont à l'entrée du cinéma. Ils attendent leur amie Cédrine. Mathilde a apporté du chocolat. A le cache dans son sac.

Corrigez les pronoms mal utilisés et expliquez les erreurs.

Corrigé

Les pronoms sont mal choisis (mais correspondent à des erreurs fréquentes à l'oral).

- Pour désigner Mathilde et Diane (deux filles), il faut le pronom *Elles*, pas *Ils* (à l'oral : « y attendent »...).
- Pour désigner Mathilde, il faut le pronom *Elle*, « A » est une façon courante de dire *elle* à l'oral mais cela ne s'écrit pas !

PROLONGEMENT

À partir de textes composés par les élèves, relever des passages contenant des pronoms ambigus ou mal utilisés, puis faire réfléchir au choix des pronoms.

EXEMPLES DE PASSAGES CONTENANT DES PRONOMS AMBIGUS

- Pierre et Olivier sont au musée. Il observe une sculpture géante qui représente une montagne.

  Corrigé
  Ils observent (erreur causée par le fait que *il* et *ils* se disent de la même façon, ce qui entraîne aussi la faute d'accord du verbe),
  ou encore:
  Pierre observe ou *Olivier observe* (si l'auteur du texte pensait vraiment à une seule personne, ce *il* est ambigu, il faut le préciser en répétant le nom de la personne concernée).

- Jim et Raki arrivent au musée. Il parte à la découverte d'Arcimboldo.

  Corrigé
  Ils partent (ici, il s'agit sûrement d'un pronom pluriel puisque l'élève respecte le pluriel du verbe à l'oral: «parte»).

- Notre enseignante parle au responsable du musée. Elle y demande à quelle heure on peut entrer.

  Corrigé
  Elle lui demande (À l'oral, on entend souvent: «À y demande...»).

6 NOTE

À moins d'avoir dans tout le texte le pronom *elles*, ce sera nécessaire de répéter un prénom à l'occasion. Cet exercice doit amener les élèves à en prendre conscience. Si on écrit, par exemple:

> Karen et Maude font une course en bicyclette. Elle accélère. Elle dépasse sa copine. Elle se met à pédaler de plus belle. Elle la rattrape juste avant la ligne d'arrivée...

on ne sait plus qui est en avance dans la course ! D'où la nécessaire précision ici:

> Karen accélère, elle dépasse sa copine. Maude se met à pédaler de plus belle, elle la rattrape...

RETOUR COLLECTIF

Écrire au tableau le texte-exemple ci-dessus en prétendant qu'il vient d'un élève d'une autre classe (ou d'une autre école...). Demander d'expliquer pourquoi les pronoms ne sont pas clairs, puis faire corriger les ambiguïtés en répétant les prénoms aux endroits appropriés.

Demander ensuite si le texte rédigé par leur camarade contient ce genre d'erreur (ce sera le cas si l'élève a suivi les consignes à la lettre...).

Écrire le passage au tableau et expliquer pourquoi le sens du pronom a été mal interprété, puis faire clarifier le texte par l'élève qui l'a rédigé.

→ p. 164

3. Repérer le verbe et le sujet: des cas difficiles

Les cinq cas (*points A à E*) abordés dans cette section constituent des sources d'erreurs bien connues. Toutefois, en utilisant les moyens enseignés pour repérer le verbe puis son groupe sujet, ces cas ne présentent plus vraiment de difficulté. L'élève a donc tous les outils en main pour éviter ces pièges; il est important de bien le lui faire comprendre.

Suggestion de lecture liée au thème de la section

- David Spence, *Les pirates, seigneurs des mers,* traduction et adaptation de Françoise Fauchet, coll. Miroirs de la connaissance, Paris, Nathan, 1997.

NOTES À PROPOS DES EXEMPLES

Section A

PHRASE N^O^ 3: *Alwinda la pirate trace le plan d'une île pour localiser un trésor.*
Voir dans l'ouvrage de David Spence cité plus haut, «Alwinda. Princesse scandinave du Ve siècle qui se fit pirate dans la mer Baltique afin d'échapper à un mariage arrangé.», p. 24.

PHRASE N^O^ 5: *Élisabeth Ire prépare la fête donnée en l'honneur de son corsaire.*
Le corsaire en question est Francis Drake. La reine anglaise finançait ses opérations et le surnommait «mon pirate».

Section B

PHRASE N^O^ 1: *Les équipages de Grace s'aventuraient au large pour piller des navires marchands.*
Il s'agit de Grace O'Malley née en 1530. Elle devint capitaine de pirates et dirigea une flotte d'une vingtaine de navires au large des côtes irlandaises.

REPÉRER LE VERBE ET LE SUJET: DES CAS DIFFICILES
Corrigé des exercices, p.168-170

CORRIGÉ • Document reproductible 9-4

NOTE

Pour alléger la présentation, les traces ont été réduites: en plus du *ne... pas,* un seul temps et la conjugaison avec un seul pronom sont proposés. Accepter les autres traces possibles.

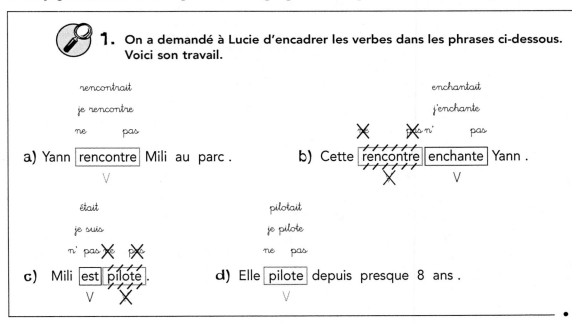

1. On a demandé à Lucie d'encadrer les verbes dans les phrases ci-dessous. Voici son travail.

a) Yann [rencontre] Mili au parc. — rencontrait / je rencontre / ne ... pas — V

b) Cette [~~rencontre~~] [enchante] Yann. — ~~ne~~ ~~pas~~ / n' ... pas; j'enchante; enchantait — ✗ / V

c) Mili [est] [~~pilote~~]. — était / je suis / n' ... pas; ~~ne~~ ~~pas~~ — V / ✗

d) Elle [pilote] depuis presque 8 ans. — pilotait / je pilote / ne ... pas — V

• • •

• • •

commandait

je commande

ne pas

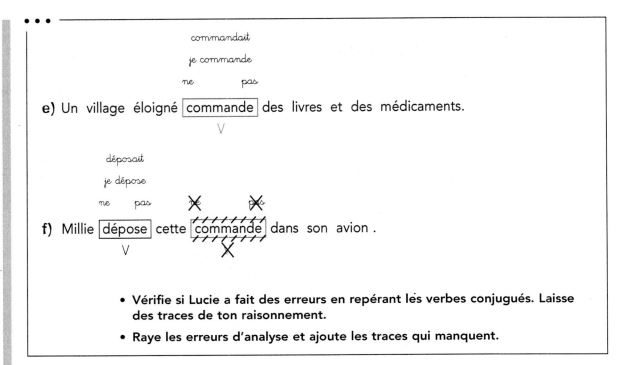

e) Un village éloigné commande des livres et des médicaments.

V

déposait

je dépose

ne pas ~~ne~~ ~~pas~~

f) Millie dépose cette ~~commande~~ dans son avion .

V X

- **Vérifie si Lucie a fait des erreurs en repérant les verbes conjugués. Laisse des traces de ton raisonnement.**
- **Raye les erreurs d'analyse et ajoute les traces qui manquent.**

PROLONGEMENT

Refaire le même exercice avec des phrases construites à partir d'autres mots qui peuvent être, selon le contexte, soit nom, soit verbe: *une enveloppe / elle enveloppe, une tranche / il tranche, de la tire / elle tire, une montre / il montre, une marche / elle marche, une danse / il danse, une fête / elle fête, une brosse / il brosse*, etc.

2

N° de la phrase	Son GN-S	Son verbe conjugué
1	j'	arrive
2	Une artiste	se balance
3	Un lion	rampe
4	Un clown	monte
5	Une funambule	marche
6	Un autre clown	danse
7	Les spectateurs	apprécient
8	Des tigres	sautent

SUGGESTION

Ajouter l'étape suivante:

Étape 2

Quand tu as terminé, forme une équipe avec un ou une camarade. Ensemble, examinez vos réponses et donnez oralement deux preuves pour chacune d'elles.

Aider les élèves à organiser leur travail efficacement. Par exemple, un membre de l'équipe donne les preuves des GN-S et des verbes pour la moitié des phrases. Ou bien, pour chaque élément, un membre de l'équipe fournit une preuve...

3 SUGGESTION

Au lieu de faire recopier le texte, en faire une dictée préparée (les élèves l'étudient avant).

NOTE

Le corrigé regroupe les réponses pour les trois étapes.

Qu'est-ce qui ? Qui est-ce qui ?
C'est qui C'est qui
Elles de jeunes Il des filles
[Les équipes ~~de soccer~~] arrivent au parc pour un tournoi. [L'entraîneur ~~des jeunes du quartier~~]
GN-S GN-S

Qui est-ce qui ?
C'est qui
Elle du dépanneur du coin
apporte les ballons. [La propriétaire ~~de la crémerie~~] vient lui dire quelque chose.
GN-S

Qui est-ce qui ?
C'est qui
Ils du quartier
[Les joueurs ~~de toutes les équipes~~] la connaissent.
GN-S

Qui est-ce qui ?
C'est qui
Ils de la compétition
[Les gagnants ~~du tournoi~~] auront un cornet de crème glacée gratuit.
GN-S

4. a) [*Félix et Mélissa*] **Ils** fréquentent la même école.

b) [*La baignade et la bicyclette*] **Elles** *comptent parmi leurs activités préférées.*

c) [*Un bouvier bernois et un labrador blond*] **Ils** *les accompagnent partout.*

d) [*Le garçon et la jeune fille*] **Ils** *comptent sur leur chien-guide.*

5 **Notre classe** assiste à une conférence sur les farces et attrapes. Au début, **la foule** était bruyante. Maintenant, **le public** écoute la recette des bonbons siffleurs. **Plusieurs groupes** étudient l'encre invisible. **Des équipes** se passionnent pour les jujubes au brocoli...

SUGGESTION

Ajouter l'étape suivante :

Étape 2

Quand tu as terminé, forme une équipe avec un ou une camarade. Ensemble, expliquez pourquoi tel GN a remplacé tel pronom.

6 SUGGESTION

Au lieu de faire recopier le texte, en faire une dictée préparée (les élèves l'étudient avant).

C'est Qui est-ce qui ? Il qui

[Notre père, ~~un homme très patient,~~] ~~nous~~ lit souvent des histoires. Habituellement,
GN-S

C'est Qu'est-ce qui ? elles qui — C'est Qui est-ce qui ? Il qui

[ses histoires] ~~nous~~ captivent. [Papa] ~~les~~ raconte ~~lentement et~~ guette nos réactions.
GN-S GN-S

C'est Qu'est-ce qui ? elles qui

Ce soir, [plusieurs créatures, ~~toutes plus monstrueuses les unes que les autres,~~] vivent
GN-S

C'est Qu'est-ce qui ? ils qui

des histoires à faire frémir. Parfois, dans mon rêve, [des monstres] apparaissent ~~et m'~~ effraient.
GN-S

C'est Qui est-ce qui ? Elle qui

[Ma chienne] ~~le~~ devine ~~et me~~ rassure.
GN-S

CORRIGÉ • Document reproductible 9-5 *a* et *b*

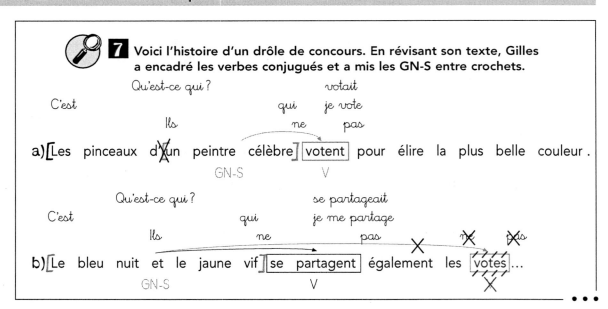

7 Voici l'histoire d'un drôle de concours. En révisant son texte, Gilles a encadré les verbes conjugués et a mis les GN-S entre crochets.

C'est Qu'est-ce qui ? Ils qui ne — votait je vote pas

a) [Les pinceaux d'~~un~~ peintre célèbre] votent pour élire la plus belle couleur.
GN-S V

C'est Qu'est-ce qui ? Ils qui ne — se partageait je me partage pas

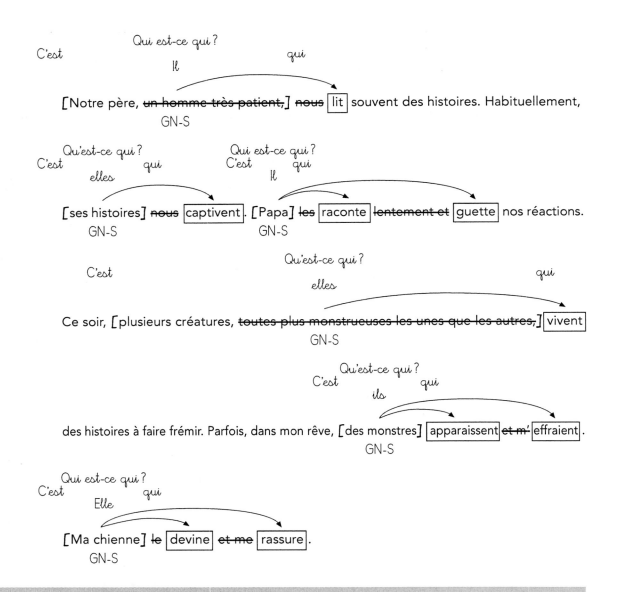

b) [Le bleu nuit et le jaune vif] se partagent également les ~~votes~~...
GN-S V

Qu'est-ce qui ? semblait
C'est qui je semble
Elle ne pas

c) [La communauté] semble incapable de choisir la couleur idéale.
GN-S V

Qui est-ce qui ? décidait
C'est qui je décide
Il ne pas

d) [Le grand chef des couleurs de l'arc-en-ciel] décide ceci :
GN-S V

Qu'est-ce qui ? devaient
C'est qui je dois
Ils ne pas

[le bleu et le jaune] doivent s'affronter.
GN-S V

Qu'est-ce qui ? observaient
C'est qui j'observe
Elles n' pas ils

e) [Toutes les couleurs] observent [le duel entre le bleu et le jaune]
GN-S V GN-S

Qu'est-ce qui ? se mêlaient
C'est qui je me mêle
Il ne pas

f) Après un moment, [le bleu] se mêle au jaune.
GN-S V

Qu'est-ce qui ? se taisait
C'est qui je me tais
Il ne pas

g) Tout à coup, [le public] se tait.
GN-S V

Qu'est-ce qui ? apparaissait
C'est qui j'apparais
Elle n' pas

h) [Une autre couleur], la plus belle au monde], apparaît dans toute
GN-S V

sa splendeur : le vert de la paix !

- **Vérifie le travail de Gilles. Laisse des traces de ton raisonnement. Raye les erreurs d'analyse et ajoute les traces qui manquent.**

8 NOTE

Former des équipes d'élèves. Pour chaque GN-S et chaque V conjugué, les élèves donnent deux preuves oralement.

C'est qui je marche je vois
Ils ne pas ne pas

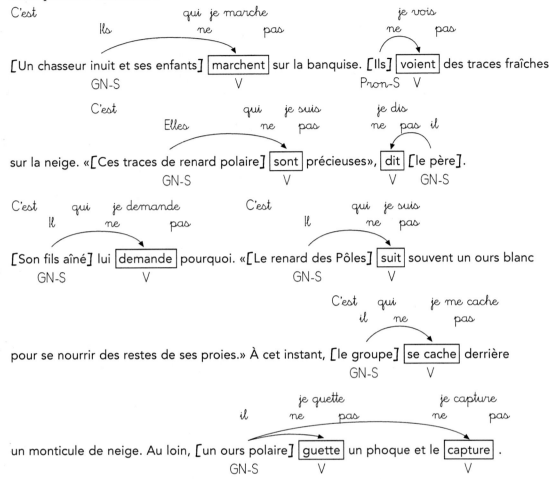

[Un chasseur inuit et ses enfants] marchent sur la banquise. [Ils] voient des traces fraîches
GN-S V Pron-S V

C'est qui je suis je dis
Elles ne pas ne pas il

sur la neige. «[Ces traces de renard polaire] sont précieuses», dit [le père].
GN-S V V GN-S

C'est qui je demande C'est qui je suis
Il ne pas Il ne pas

[Son fils aîné] lui demande pourquoi. «[Le renard des Pôles] suit souvent un ours blanc
GN-S V GN-S V

C'est qui je me cache
il ne pas

pour se nourrir des restes de ses proies.» À cet instant, [le groupe] se cache derrière
GN-S V

je guette je capture
il ne pas ne pas

un monticule de neige. Au loin, [un ours polaire] guette un phoque et le capture .
GN-S V V

9 *EXEMPLES DE PHRASES*

a) *Des requins blancs, grands maîtres des mers, nagent vers notre cage.*

b) *Les yeux et la mâchoire des requins sont menaçants.*

c) *Nous les voyons clairement.*

d) *L'équipage du bateau a peur.*

PROLONGEMENT

– Choisir quelques-unes des phrases des élèves, les dicter et faire refaire le travail demandé au numéro 8.

– Dicter les phrases données en exemples ci-dessus et faire refaire le numéro 8.

Suggestions d'exercices supplémentaires pour la section 3

1) Faire construire des phrases avec GN-S minimal. Demander ensuite d'ajouter une expansion dans le GN-S.

2) Faire construire des phrases avec GN-S à expansion. Demander ensuite de rayer les expansions dans le GN-S.

3) Faire repérer des GN-S avec expansions dans des textes de lecture. Demander ensuite de recopier les phrases en supprimant les expansions.

→ p. 171

4. Écrire sans faute la terminaison du verbe

NOTE

Nous avons joué, pour le titre de cette partie, avec l'expression *sans faute* (obligatoirement) versus *sans fautes* (sans erreurs) afin d'éviter des questions d'élèves sur cette particularité du français peu logique pour l'élève (pourquoi écrire *sans fautes* avec un *s* quand il n'y en a aucune ?).

Les temps de verbes sont vus pour la conjugaison bien sûr, mais aussi pour comprendre le temps lui-même, son usage. De notre point de vue, l'un ne va pas sans l'autre. Si tous les temps de verbes ne sont pas travaillés, cela ne veut pas dire que les élèves ne vont pas les utiliser spontanément en écriture ou à l'oral, inconsciemment (pensons, par exemple, au plus-que-parfait). Il faudra toutefois éviter d'être trop sévère quant à l'accord sujet-verbe pour les temps non vus.

→ p. 171

■ Observe le radical et la terminaison du verbe

L'élève voit ici les notions de radical et de terminaison dans leurs grandes lignes, mais il faut garder en tête que ces notions ne sont pas toujours aussi logiques. Pour certains verbes, les deux parties ne seront pas toujours faciles à distinguer, par exemple :

- le *d* de *il prend* fait-il partie du radical ou de la terminaison ?
- pourquoi ne pas considérer *chante* comme le radical avec une « terminaison zéro » ? On aurait alors un verbe à deux radicaux, *chante* et *chant–*, comme *finir* dont les deux radicaux sont *fini–* et *finiss–*.

Dans l'observation de la conjugaison à divers temps et modes, l'important est que l'élève observe et trouve une façon de s'expliquer les graphies, plus que l'exactitude de la distinction radical-terminaison.

4.1 Le présent de l'indicatif

→ p. 173

B Observe les terminaisons du présent à la 1re personne du singulier

Dans cette activité, l'élève devra réinvestir les notions de radical et de terminaison. Considérer un certain tâtonnement comme normal (et non comme une perte de temps...). À une équipe qui classerait les verbes selon, par exemple, les deux dernières lettres, faire remarquer que plusieurs colonnes ont encore quelque chose en commun (par exemple, les *–ue* et les *–ge* se terminent par *–e*, les *–is* et les *–rs* ou *–ns* se terminent par *–s*). Préciser que le but est d'arriver à des colonnes où les finales sont en tout point différentes.

Le « secret des terminaisons », c'est, bien sûr, l'infinitif du verbe. Ne donner cet indice qu'après avoir :

- laissé les élèves transformer les verbes de diverses façons en leur demandant de dire quelles transformations ont été effectuées... (ex. : mettre à l'imparfait);
- renvoyé les élèves consulter les sections du manuel portant sur le verbe (*p. 141 à 144* ou *Tes connaissances à ton service, p. 265 à 266*) pour essayer encore...

→ p. 174

C Observe les terminaisons du présent à la 2e personne du singulier

En toute rigueur, les finales de la 2e personne du singulier au présent de l'indicatif sont :

- *-es* pour les verbes réguliers à l'infinitif en *–er*,
- *-s* pour tous les autres verbes (aucun besoin de distinguer entre les anciens verbes du 2e et du 3e groupe)

Les verbes *cueillir, accueillir, recueillir, offrir, souffrir, ouvrir, couvrir, découvrir* constituent des exceptions (leur terminaison est *–es* pour la 2e pers.) tout comme les verbes *pouvoir, valoir* et *vouloir* (avec leur terminaison en *–x*).

Si les élèves formulent leur règle selon ces deux terminaisons, il faut alors leur faire remarquer les exceptions pour la série de verbes comme *cueillir* ci-dessus.

Toutefois, en appliquant la même logique que pour les terminaisons de la 1re personne, les élèves ne constitueront pas deux groupes de verbes pour les terminaisons de la 2e personne. En effet, il deviendra évident que tous les verbes se terminent par un *-s*. Si c'est la seule règle qui soit formulée, la laisser ainsi car la présence de la lettre *e* ne pose pas de difficulté aux élèves à l'écrit; **tu ouvrs*, **tu chants* ne sont pas des erreurs qu'on rencontre (le *e* de *continues* ou *cries* est moins évident mais pose autant de difficulté à la 1re personne).

Éviter d'entrer dans des explications à partir du radical, simplement faire remarquer que la différence entre la 1re et la 2e personne du singulier est l'ajout d'un *-s* pour les verbes réguliers en *–er* alors qu'elle reste identique – puisque le *s* est déjà présent – pour les autres verbes.

Faire remarquer qu'aux 1re et 2e personnes du singulier, **aucun** verbe ne se termine par *-t*.

➤ → p. 175

D Observe les terminaisons du présent à la 3e personne du singulier

À propos du «secret des terminaisons», voir la note ci-dessus pour la 1re personne.

PROLONGEMENT

Faire comparer les exceptions pour la conjugaison au présent de la 1re, de la 2e et de la 3e personne du singulier. S'agit-il toujours exactement des mêmes ?

4.1 LE PRÉSENT DE L'INDICATIF
Corrigé des exercices, p. 178-181

NOTE

Si nécessaire, inviter les élèves à revoir les traces à laisser pour le repérage du verbe, du GN-S ou du Pron-S, aux *pages 145, 152 et 160* ou encore, dans la partie *Tes connaissances à ton service* aux *pages 265 à 271*.

EXERCICES QUI NE SONT PAS DANS LE MANUEL

- Des **minitests pour mémoriser les terminaisons** de verbes et acquérir de la vitesse.

  Toute la classe peut préparer un test collectivement, si possible à l'ordinateur. Dans un tableau à 3 colonnes comptant autant de lignes qu'il y a d'élèves, chaque élève écrit un verbe à l'infinitif et une personne. (Au début, tous les verbes seront au présent. On pourra par la suite ajouter une colonne au tableau pour y varier les temps selon les connaissances des élèves.) Vérifier la variété des verbes du tableau et faire quelques modifications au besoin (pour éviter, par exemple, d'avoir seulement des verbes en *-er*). Préparer des copies de ce tableau qui servira de minitest. Quelques jours plus tard, faire remplir la dernière colonne avec la forme conjuguée appropriée.

  Faire ce genre de test **régulièrement pendant une étape scolaire** (toutes les 2 semaines). La première fois, chronométrer le temps nécessaire pour que les 4/5 des élèves terminent la tâche, puis réduire progressivement le temps alloué pour forcer les élèves à acquérir de la vitesse (réduire de 30 secondes à la fois). Il faut réduire le temps lorsque le taux de bonnes réponses atteint 90% (3 erreurs pour 30 verbes).

- Jumeler les élèves avec une classe du premier cycle. Leur demander de corriger les textes des plus jeunes en les transcrivant au propre, et même à l'ordinateur (pour que les plus jeunes en fassent ensuite un petit livre illustré).

- Inviter les élèves à échanger leurs textes avec un ou une camarade pour réviser un texte réalisé dans le cadre d'une situation d'écriture. Faire inscrire la procédure de révision sur le brouillon. *Toujours faire écrire les brouillons à triple ou quadruple interligne.* Demander aux élèves de discuter avec leur camarade des corrections à apporter. Toute pratique de révision de texte avec procédure rigoureuse est le meilleur des exercices.

1. Étape 1

SUGGESTIONS

– Jumeler les élèves et faire faire ce travail de repérage oralement.

– Demander aux élèves de donner oralement deux preuves par verbe.

a) Dans quelques heures, le zoo **ouvre** ses portes.

b) «Ma chouette, nous **finissons** de déjeuner, puis nous **filons** au zoo.»

c) Chaque année, plusieurs groupes d'animaux **visitent** le zoo…

d) Comme chacun **sait**, les animaux **sont** curieux.

e) «Hé ! Je **peux** essayer tes jumelles ? **demande** la girafe. Je **veux** voir la petite fille là-bas, près du ruisseau.»

f) «À droite, vous **voyez** toute une famille d'humains, **annonce** le guide pingouin. Nous **passons** maintenant devant une école.»

g) Jour après jour, un humain boudeur **fait** des grimaces aux animaux qui l'**observent**.

h) Les visiteurs **peuvent** toujours nourrir les humains en captivité.

i) «Youpi ! Je **vois** un bébé ! **rugit** un lionceau.»

j) C'**est** bien connu, tous les bébés **sont** adorables.

Étape 2

SUGGESTION

Demander aux élèves de proposer une façon d'organiser leurs réponses.

a) 2	c) 4	e) 1	g) 4	i) 1
b) 2	d) 3	f) 1	h) 3	j) 3

2 NOTE

Demander aux élèves de regarder dans des ouvrages variés : narratifs, informatifs, etc.

Les élèves ne sont pas obligés de trouver un exemple de chaque usage.

3. Un jour, **nous nous évadons** de prison par un tunnel. Malheureusement, **nous arrivons** au zoo, dans la cage d'un lion ! **Nous réfléchissons. Nous estimons** que **notre** cellule est plus douillette que cette cage. **Nous revenons** donc dans **notre** cellule. Le lendemain, **nous nous réveillons** très tôt et **nous voyons** un immense lion couché dans **notre** cellule !

SUGGESTION

– Ajouter l'étape suivante :

Étape 2

Forme une équipe avec un ou une camarade. À tour de rôle, vous vérifiez oralement, phrase par phrase, la finale des verbes que vous avez changés. Pour cela, vous utilisez la procédure décrite à la rubrique *Avant d'aller plus loin*, au début de ce bloc d'exercices.

PROLONGEMENT

– Faire refaire l'exercice en remplaçant *je* par:
  - *Maurice et Gaston* (Un jour, Maurice et Gaston s'évadent de prison par un tunnel…)
  - *tu* (Un jour, tu t'évades de prison par un tunnel…)
  - *vous* (Un jour, vous vous évadez de prison par un tunnel…)

4. Étape 1

Julie et Claudia sont les plus courageuses filles de 9 ans. **Elles marchent** dans la forêt. Soudain, l**es braves jeunes femmes entendent** du bruit. **Elles croient** qu'une bête sauvage approche. Un ours ? Un lion ? Un loup ? **Julie et Claudia font** demi-tour. **Elles courent** le plus vite possible. Après quelques dizaines de mètres, **elles se retournent** pour voir la bête. Dans le sentier, **elles aperçoivent** au loin une bergère et trois agneaux…

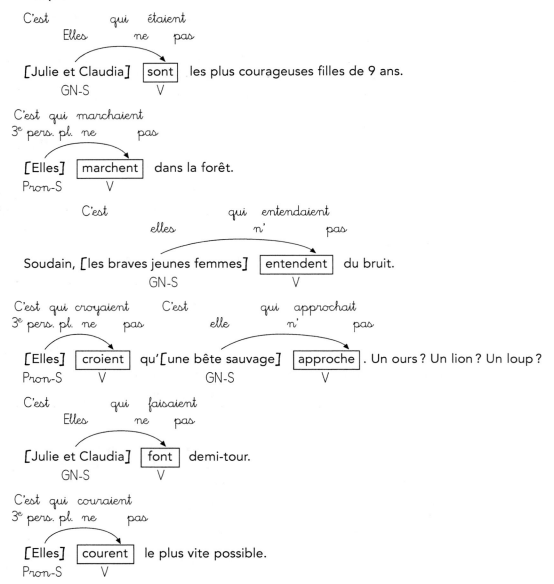

Étape 2

C'est … qui étaient
Elles … ne … pas

[Julie et Claudia] sont les plus courageuses filles de 9 ans.
GN-S … V

C'est qui marchaient
3e pers. pl. ne … pas

[Elles] marchent dans la forêt.
Pron-S … V

C'est … qui entendaient
elles … n' … pas

Soudain, [les braves jeunes femmes] entendent du bruit.
GN-S … V

C'est qui croyaient … C'est … qui approchait
3e pers. pl. ne … pas … elle … n' … pas

[Elles] croient qu'[une bête sauvage] approche. Un ours ? Un lion ? Un loup ?
Pron-S … V … GN-S … V

C'est … qui faisaient
Elles … ne … pas

[Julie et Claudia] font demi-tour.
GN-S … V

C'est qui couraient
3e pers. pl. ne … pas

[Elles] courent le plus vite possible.
Pron-S … V

C'est qui se retournaient
3e pers. pl. ne pas

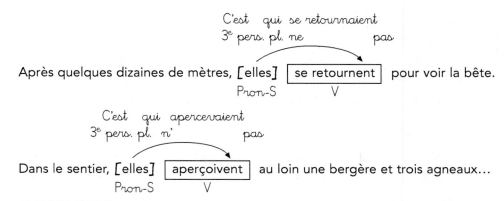

Après quelques dizaines de mètres, [elles] se retournent pour voir la bête.
Pron-S V

C'est qui apercevaient
3e pers. pl. n' pas

Dans le sentier, [elles] aperçoivent au loin une bergère et trois agneaux...
Pron-S V

PROLONGEMENT

– Faire refaire l'exercice en remplaçant *Gustav* par:
  - *tu* (Tu es le plus courageux garçon de 9 ans...)
  - *je* (Je suis le plus courageux garçon de 9 ans...)
  - *nous* (Nous sommes les plus courageux garçons de 9 ans...)

  NOTE: Accepter que les élèves changent *garçon* pour *fille*.

5. NOTES

– Après l'exercice, demander aux élèves s'ils connaissent le jeu *Roche, papier, ciseau*. Si ce n'est pas le cas, leur en expliquer le fonctionnement.

  «*Roche, papier, ciseau*»
  Deux adversaires se font face, une main derrière le dos. Les deux disent simultanément «roche, papier, ciseau» et présentent la main qui était derrière leur dos. Il y a quatre possibilités: le poing fermé (*roche*), la main ouverte (*papier*), le majeur et l'index en forme de V (*ciseau*) ou l'index pointé (*chandelle*); chacune d'entre elles a une valeur donnée par rapport aux autres: le papier l'emporte sur la roche, la chandelle et le ciseau l'emportent sur le papier, la roche l'emporte sur la chandelle et le ciseau, le ciseau l'emporte sur la chandelle.

  La victoire dépend donc du choix des deux adversaires.

– Insister pour que les élèves consultent les tableaux de terminaisons à la page 289.
– Proposer une étape de mise en commun des réponses en équipes.

CORRIGÉ • Document reproductible 9-6 *a* et *b*

5. **Hughes se demande si ses verbes sont bien accordés. Lis son texte.**

C'est qui entrait
Elle n' pas

[Antoinette] entres dans l'étable pour seller son cheval noir .
GN-S V

C'est qui était
il n' pas

Depuis de longues minutes , [Zorro] est là , près du cheval noir .
GN-S V

se rencontraient

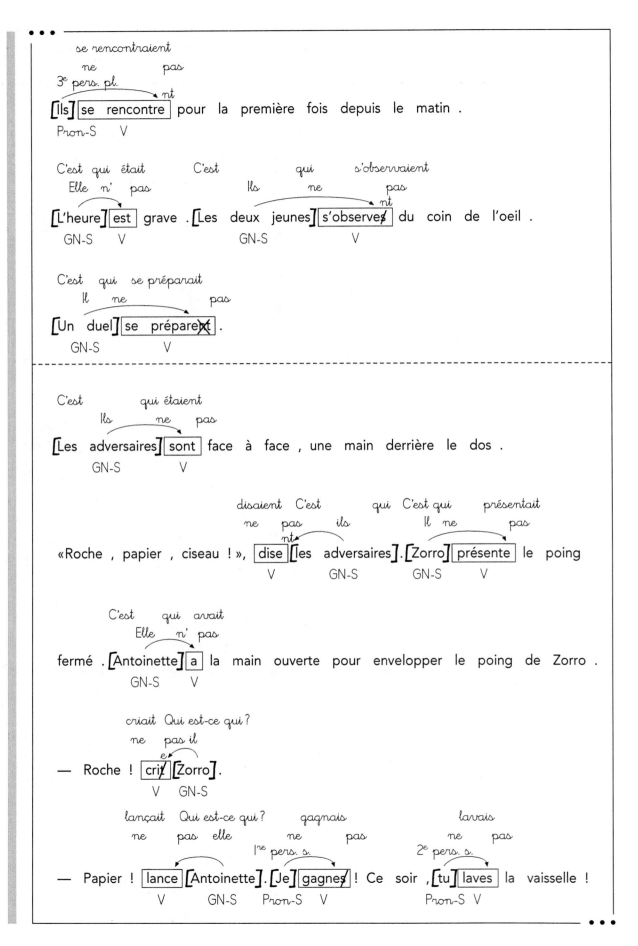

ne pas

3e pers. pl. nt

[Ils] [se rencontre] pour la première fois depuis le matin .

Pron-S V

C'est qui était C'est qui s'observaient

Elle n' pas Ils ne pas

nt

[L'heure] [est] grave . [Les deux jeunes] [s'observes] du coin de l'oeil .

GN-S V GN-S V

C'est qui se préparait

Il ne pas

[Un duel] [se preparent] .

GN-S V

C'est qui étaient

Ils ne pas

[Les adversaires] [sont] face à face , une main derrière le dos .

GN-S V

disaient C'est qui C'est qui présentait

ne pas ils Il ne pas

nt

«Roche , papier , ciseau ! », [dise] [les adversaires] . [Zorro] [présente] le poing

V GN-S GN-S V

C'est qui avait

Elle n' pas

fermé . [Antoinette] [a] la main ouverte pour envelopper le poing de Zorro .

GN-S V

criait Qui est-ce qui ?

ne pas il

e

— Roche ! [crit] [Zorro] .

V GN-S

lançait Qui est-ce qui ? gagnais lavais

ne pas elle ne pas ne pas

1re pers. s. 2e pers. s.

— Papier ! [lance] [Antoinette] . [Je] [gagnes] ! Ce soir , [tu] [laves] la vaisselle !

V GN-S Pron-S V Pron-S V

Tous les verbes sont-ils bien accordés ? Pour le savoir, vérifie chaque finale de verbe en appliquant la procédure de révision complète.

7. NOTES

1) Le texte sera principalement à la 3e personne du singulier (*il* ou *elle*…)
2) Ce texte sera écrit principalement avec le pronom *on* ou le pronom *nous*.
3) Ce texte sera principalement à la 1re personne du singulier (*je* …)

PROLONGEMENT

Faire refaire l'exercice à partir d'autres pistes permettant de varier la personne du verbe :
– Tu décris une habitude familiale (avec *nous*, avec *on*);
– Par courriel, tu écris à un ou des copains le trajet pour se rendre chez toi (*tu*…*vous*…).

CORRIGÉ • Document reproductible 9-7 *a* et *b*

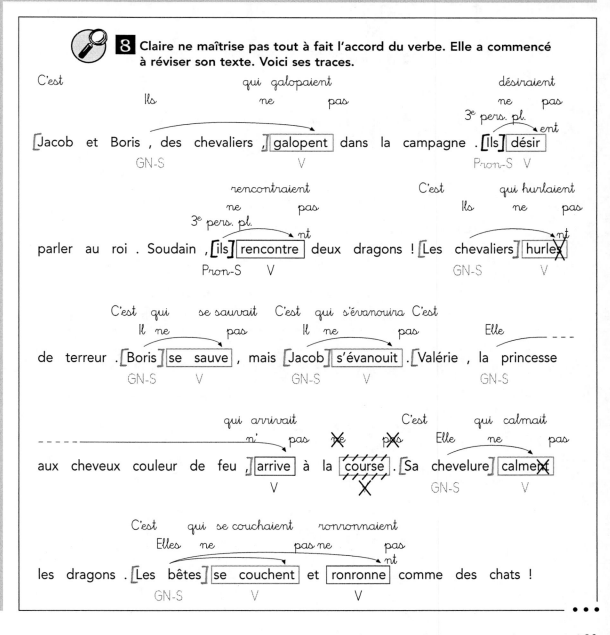

8 Claire ne maîtrise pas tout à fait l'accord du verbe. Elle a commencé à réviser son texte. Voici ses traces.

C'est … qui galopaient … désiraient
Ils … ne … pas … ne … pas
3e pers. pl. … ent

[Jacob et Boris, des chevaliers,] galopent dans la campagne. [Ils] désir
GN-S … V … Pron-S V

rencontraient … C'est … qui hurlaient
ne … pas … Ils … ne … pas
3e pers. pl. … nt … nt

parler au roi. Soudain, [ils] rencontre deux dragons ! [Les chevaliers] hurle~~s~~
Pron-S V … GN-S V

C'est qui … se sauvait … C'est … qui s'évanouira … C'est
Il ne … pas … Il ne … pas … Elle

de terreur. [Boris] se sauve, mais [Jacob] s'évanouit. [Valérie, la princesse
GN-S V … GN-S V … GN-S

qui arrivait … C'est … qui calmait
n' … pas … ~~ne~~ … ~~pas~~ … Elle … ne … pas

aux cheveux couleur de feu,] arrive à la ~~course~~. [Sa chevelure] calme~~nt~~
V … GN-S V

C'est … qui se couchaient … ronronnaient
Elles … ne … pas ne … pas
nt

les dragons. [Les bêtes] se couchent et ronronne comme des chats !
GN-S V … V

C'est qui j'ose · ~~C'est qui~~ ordonnais
n' pas · n' pas
2e pers. pl. · 1re pers. s.
z

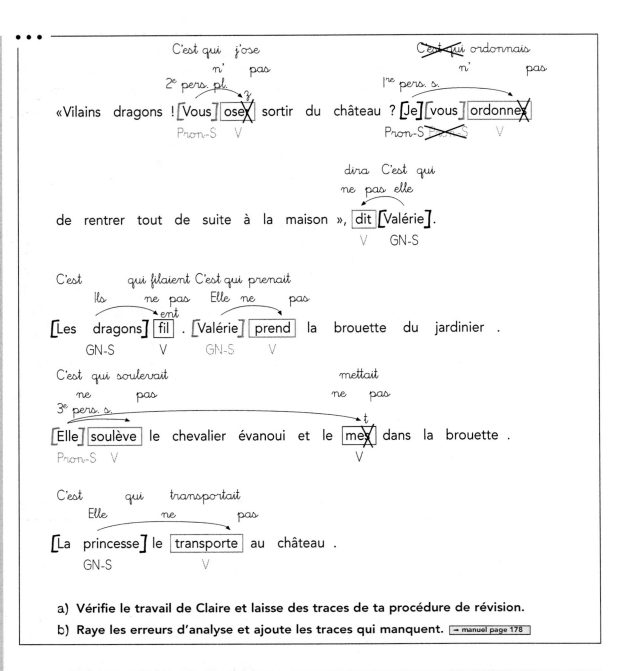

«Vilains dragons ! [Vous] [ose~~x~~] sortir du château ? [Je] [vous] [ordonne~~x~~]
Pron-S V · Pron-S ~~Pron-S~~ V

dira C'est qui
ne pas elle

de rentrer tout de suite à la maison », [dit] [Valérie].
V GN-S

C'est qui filaient C'est qui prenait
Ils ne pas Elle ne pas
ent

[Les dragons] [fil] . [Valérie] [prend] la brouette du jardinier .
GN-S V GN-S V

C'est qui soulevait · mettait
ne pas · ne pas
3e pers. s. · t

[Elle] [soulève] le chevalier évanoui et le [me~~x~~] dans la brouette .
Pron-S V · V

C'est qui transportait
Elle ne pas

[La princesse] le [transporte] au château .
GN-S V

a) **Vérifie le travail de Claire et laisse des traces de ta procédure de révision.**

b) **Raye les erreurs d'analyse et ajoute les traces qui manquent.** → manuel page 178

CORRIGÉ • Document reproductible 9-8

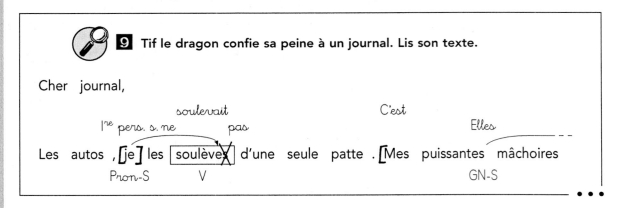

9 Tif le dragon confie sa peine à un journal. Lis son texte.

Cher journal,

soulevait · C'est
1re pers. s. ne pas · Elles

Les autos , [je] les [soulève~~x~~] d'une seule patte . [Mes puissantes mâchoires
Pron-S V · GN-S

qui croquaient
ne pas
1re pers. s. ne pas — pouvait
1re pers. s. ne pas — étais

de dragon] [croquent] les arbres . [Je] [peux] cracher du feu . Mais [je] [suis]

V — Pron-S V — Pron-S V

voulait
1re pers. s. ne pas

quand même un dragon triste . [Je] [veux] me faire des amis .

Pron-S V

C'est qui se sauvait
Il ne pas
ignorait
3e pers. s. n' pas

[Tout le monde] [se sauvent] de moi . Dans la cour d'école , [on] m' [ignore] .

GN-S V — Pron-S V

demandais
1re pers. s. ne pas
C'est qui était
Elle n' pas
C'est qui
Ils

[Je] me [demande] pourquoi . [Ma peine] [est] grande . [Ma mère et mon père]

Pron-S V — GN-S V — GN-S

consolaient
ne pas
nt

me [console] parfois .

V

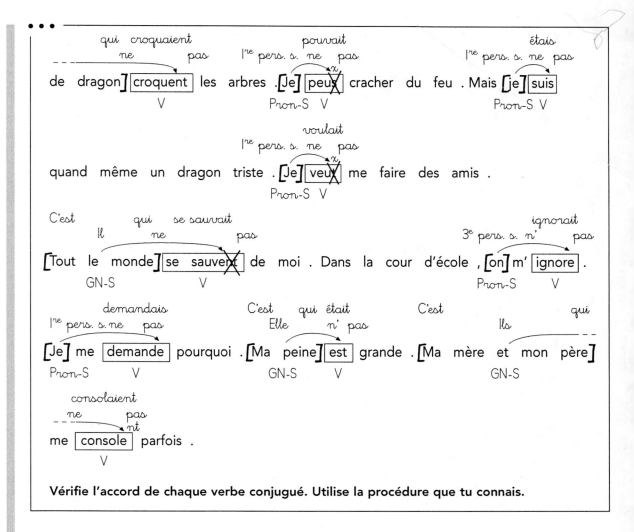

Vérifie l'accord de chaque verbe conjugué. Utilise la procédure que tu connais.

10 *EXEMPLES DE RÉPONSES*

- Phrase 1 : *Igor et Liane jouent au ping-pong.*
- Phrase 2 : *On les regarde.*
- Phrase 3 : *Les membres de l'équipe de natation participent à une compétition.*
- Phrase 4 : *Tout le monde nage bien.*
- Phrase 5 : *Les jeunes, sains et saufs, passent une bonne nuit.*

PROLONGEMENT

Demander de composer des phrases avec les verbes au présent en exigeant au moins quatre mots devant le verbe. (On peut ainsi constituer une banque de phrases à dicter ou à faire dicter entre élèves…)

EXEMPLES

Chaque jour, mon ami….
Le chien des voisins…
Éloïse et sa chatte…
Pendant les grandes chaleurs, on…
Tout ce beau monde…
Les grands-mères, de nos jours,…

→ p. 182-185

4.2 et 4.3 L'imparfait et le passé composé de l'indicatif

Au 2e cycle, nous situons simplement ces deux temps dans le passé sans aller plus loin dans leur usage. Des questions comme leur rôle dans un récit (quand utiliser l'un et non l'autre) pourront être abordées au 3e cycle.

L'étude du passé composé oblige à travailler, peut-être un peu tôt, la notion de participe passé et les bases de son accord. Ce temps devrait donc être vu à la fin du cycle seulement. Ceci ne retardera pas l'accord sujet-verbe pour ce temps, car cet accord se fait avec la partie conjuguée du verbe, l'auxiliaire, qui est au présent.

→ p. 190

4.6 Le futur proche de l'indicatif

Le futur proche n'étant plus au programme, l'étude de ce temps devient de l'enrichissement. Il s'agit néanmoins d'un temps fort utilisé par tous les locuteurs, tant à l'oral qu'à l'écrit... Son étude peut aider l'élève à distinguer le participe passé de l'infinitif.

→ p. 191

4.7 Le présent du mode impératif

➤ → p. 192

A Observe l'usage du présent de l'impératif

Terminer la comparaison des deux textes en demandant:

- *Qu'est-ce que le mode impératif exprime ?*

Faire chercher le mot *impératif* dans le dictionnaire.

➤ → p. 193

B Observe les terminaisons du présent de l'impératif

PROLONGEMENT

Faire comparer la 2e personne du singulier des verbes en *-er* au présent de l'indicatif et de l'impératif: *-es* à l'indicatif; *-e* à l'impératif.... (Quel illogisme! mais peut-être s'en souviendront-ils !)

AJOUT[1]

Les activités et exercices qui suivent, portant sur le présent du subjonctif et le participe présent, sont à faire en fin de cycle – à la suite des autres temps et modes du manuel –, et pourront aussi servir à initier les élèves à la consultation d'un dictionnaire de conjugaison.

Le présent du subjonctif

A Observe un nouveau mode

Annoncer aux élèves qu'ils vont maintenant découvrir un temps de verbe à un mode dont ils n'ont encore jamais entendu parlé. *(Ne pas le nommer pour le moment.)*

Écrire les phrases qui suivent au tableau et demander aux élèves de les copier à triple interligne (comme pour la révision de texte).

1. Il est urgent que Josée prépare ses valises.
2. Il est important qu'elle embrasse ses parents.
3. On attend qu'il arrête de pleuvoir.
4. Ton frère peut jouer avec nous pourvu qu'il reste tranquille.
5. Le voisin veut que j'emprunte sa bicyclette.
6. Il est possible que je commence ma recherche aujourd'hui.

---

1. Le présent du subjonctif et le participe présent n'étaient pas à l'étude dans la version provisoire du programme disponible au moment de la parution du manuel (printemps 2001).

Voici les consignes pour le travail en équipe *(écrire les consignes au tableau):*

Décris les verbes de ces phrases.

- *Combien de verbes y a-t-il dans chaque phrase ?*
- *À quel temps est conjugué chaque verbe ?*

Conjugue les verbes suivants à la 3e personne du présent de l'indicatif:

1. faire,
2. entendre,
3. finir,
4. être,
5. salir,
6. faire.

Remplace le deuxième verbe de chaque phrase (1 à 6) par les verbes 1 à 6 de la liste ci-dessus (parfois, la phrase changera de sens, cela n'a pas d'importance).

- *Que remarques-tu ? Ces verbes sont-ils au présent de l'indicatif ?*

Consulte un dictionnaire de conjugaison pour trouver à quel temps et à quel mode ces verbes sont conjugués.

B Observe le radical et les terminaisons du présent du subjonctif

Écrire les consignes suivantes au tableau.

Compare, dans le dictionnaire de conjugaison, le présent du subjonctif et le présent de l'indicatif des verbes suivants: *aimer, finir.*

- *Que remarques-tu à propos du radical du verbe* aimer *? du verbe* finir *?*
- *Que remarques-tu à propos des terminaisons du verbe* aimer *? du verbe* finir *?*

Dis dans tes mots comment on conjugue un verbe au présent du subjonctif:

- selon le modèle de *aimer* (verbe régulier en *–er*),
- selon le modèle de *finir*.

C Observe l'usage du subjonctif

Écrire au tableau ce qui suit:

Il est important que… Je suis sûr que… Il est possible que… C'est dommage que… C'est urgent que… C'est certain que.. Je veux que… Il faut que… Elle attend que… Je crois que… Il souhaite que… Tu penses que… Tu iras à l'école bien que… Mira a de la peine parce que… Fais ta valise avant que… Luc fait tout pour que… Profites-en pour écrire à tes amis pendant que…	bloc **A**: … tu es malade. … tu vas à l'hôpital. … tu guéris. bloc **B**: … tu sois malade. … tu ailles à l'hôpital. … tu guérisses.

Complète (oralement) les phrases en utilisant un choix du bloc **A** ou du bloc **B** selon ce qui convient le mieux.

– *Pour quelles expressions dois-tu conjuguer le verbe au présent du subjonctif ?*

Fais la liste des expressions qui commandent un verbe au subjonctif.

(À faire écrire sur une page aide-mémoire dans le cahier de grammaire ou sur une feuille à insérer en annexe du manuel.)

Faire remarquer aux élèves que :

1. la présence du mot *que* dans une phrase n'annonce pas nécessairement un verbe au subjonctif, mais que le subjonctif est toujours précédé de *que* ;
2. les expressions de leur liste ne sont pas les seules qui commandent le subjonctif. Il faudra donc la compléter lorsqu'ils ou elles en rencontreront d'autres.

VARIANTE POUR DES ÉLÈVES ALLOPHONES CONNAISSANT PEU LE FRANÇAIS

Écrire soi-même au tableau sur deux colonnes, des phrases complètes à partir de l'activité ci-dessus :

Expressions qui sont suivies ...	
d'un verbe au mode subjonctif	d'un verbe au mode indicatif

Souligner les mots importants de l'expression (verbe + *que*, adjectif + *que*, marqueur de relation).

EXERCICES sur le présent du subjonctif

1. Pour compléter les tableaux de conjugaison présentés aux *pages 289 à 296 du manuel*.

- Distribuer aux élèves une feuille de format 216 mm x 355 mm (8 1/2 x 14 po). Après l'avoir pliée en deux, les élèves pourront y écrire la conjugaison de 4 verbes sur chaque demi-page dans un tableau comme celui ci-dessous.

Verbes au présent du subjonctif	
Verbe	Verbe
que je que tu qu'il que nous que vous qu'elles	que je que tu qu'il que nous que vous qu'elles
Verbe	Verbe
que je que tu qu'il que nous que vous qu'elles	que je que tu qu'il que nous que vous qu'elles

- Demander aux élèves de consulter un dictionnaire de conjugaison et de recopier sur leur feuille le subjonctif présent des verbes suivants (faire faire ce travail en quatre fois, comme devoir):

  danser, jouer, être, avoir;
  grandir, partir, venir, dire;
  aller, faire, prendre, mettre;
  pouvoir, vouloir, savoir, voir.

- Inviter ensuite les élèves à insérer cette feuille à la fin des tableaux de conjugaison, dans leur manuel.

2. Faire composer des phrases en utilisant les expressions suivantes:

1. … pour que…
2. Je souhaite que…
3. Nous voulons que…
4. Il faut que…
5. … en attendant que…

PROLONGEMENT

Refaire l'exercice avec de nouvelles expressions exigeant le subjonctif.

Le participe présent

(Écrire au tableau les mots et phrases à observer et les consignes qui les accompagnent, une activité à la fois.)

Observe …

chantant, rougissant, allant, lisant, faisant

Cherche, dans un dictionnaire de verbes, à quel mode et à quel temps correspondent ces mots.

Observe des caractéristiques du participe présent

1. Les élèves montent dans l'autobus en chantant.
2. Quand Isabella parle à la directrice, elle la regarde en rougissant.
3. Hier, en allant à l'école, j'ai découvert un passage secret.
4. En lisant ce livre, nous voyagerons dans le temps.
5. L'an dernier, Carl et Émile se téléphonaient en faisant leurs devoirs.

Décris les participes présents

– *Qu'ont-ils commun ?*

Les élèves devraient remarquer au moins les caractéristiques suivantes:
– précédés de *en*,
– terminés par *–ant* qui se prononce,
et, possiblement, le sens du participe présent: «cela se passe en même temps que…».

Compare les verbes conjugués et les verbes au participe présent. Revois les caractéristiques du verbe conjugué et applique-les aux participes présents.

– *Quelle caractéristique ont-ils en commun ?*

– *En quoi sont-ils différents ?*

Les élèves découvriront que le verbe conjugué et le participe présent peuvent être encadrés par *ne…pas*, mais que le participe présent ne se modifie pas avec un changement de temps, il ne se conjugue pas avec les pronoms *je, tu, il / elle…*

Montre que le participe présent reste invariable, qu'il ne s'accorde ni en personne, ni en nombre, ni en genre. Illustre ta réponse par des exemples.

Les élèves observeront que le participe présent s'écrit toujours de la même façon, que le **sujet** de la phrase soit singulier ou pluriel (sing. dans la phrase 2 et plur. dans les phrases

1 ou 5), à la 1re ou 3e personne (1re pers.: phrases 3 et 4; 3e pers.: phrases 1, 2 et 5), au masculin ou au féminin (fém.: phrase 2).

Les élèves constateront également que le participe présent ne s'accorde pas plus selon les **compléments**...

EXERCICES sur le participe présent

- Faire repérer des participes présents dans un texte de lecture.
- Faire écrire des phrases qui contiennent des participes présents.

4. ÉCRIRE SANS FAUTE LA TERMINAISON DU VERBE

Exercices sur les divers temps de verbe – autres que le présent

Corrigé des exercices, p.195-197

1 NOTE

La correction de l'étape 1 est préalable à la réalisation de l'étape 2.

Étape 1

NOTE

Le corrigé qui suit est simplifié. L'élève devrait laisser les traces habituelles.

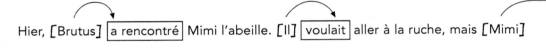

Hier, [Brutus] a rencontré Mimi l'abeille. [Il] voulait aller à la ruche, mais [Mimi] a bloqué la route. [Elle] savait que [l'ours] voudrait voler le miel de la ruche. [L'ours] a ri de l'abeille. [Il] trouvait Mimi trop petite pour arrêter un ours aussi fort que lui.

Soudain, [l'abeille] a sifflé. [Des centaines d'abeilles] ont quitté la ruche. [Elles] n'attendaient que le signal de Mimi. Voyant cela, [le gros mammifère] a décidé d'abandonner le savoureux miel. [L'ennemi] était supérieur en nombre !

Étape 2

Demain, Brutus **rencontrera** Mimi l'abeille. Il **voudra** aller à la ruche, mais Mimi **bloquera** la route. Elle **saura** que l'ours **voudra** voler le miel de la ruche. L'ours **rira** de l'abeille. Il **trouvera** Mimi trop petite pour arrêter un ours aussi fort que lui. Soudain, l'abeille **sifflera**. Des centaine d'abeilles **quitteront** la ruche. Elles n'**attendront** que le signal de Mimi. Voyant cela, l'ours **décidera** d'abandonner le savoureux miel. L'ennemi **sera** supérieur en nombre !

PROLONGEMENT

- Reprendre le même exercice en remplaçant *Brutus* par:
  - *Brutus et Fanny;*
  - *Tu;*
  - *Vous;*
  - *Je.*

  puis en remplaçant *Mimi l'abeille* par: *Les abeilles Mimi et Nini.*
- Donner une variante différente à chaque équipe, puis procéder à un échange entre équipes pour vérifier les réponses.

2 NOTE

Faire remarquer que, dans la chaîne, chaque phrase compte deux verbes conjugués et que le deuxième verbe de chaque phrase est utilisé au début de la phrase suivante.

SUGGESTION

Avant de passer à la suite, poser aux élèves les questions ci-dessous. Cela peut être fait oralement, en grand groupe.

a) À quelle personne sont les verbes des phrases que tu viens de lire ? Comment le sais-tu ?
À la 1re *pers. du singulier. Je le sais à cause du pronom de conjugaison* je.

b) Après le *Si*, dans la première partie des phrases ci-dessus, quel temps de verbe est employé ?
L'imparfait

c) À ce temps-là, quelle est la terminaison de tous les verbes à la 1re personne du singulier ?
La terminaison est: *-ais*

d) Dans chaque phrase de la chaîne, quel est le deuxième temps de verbe employé ?
Le conditionnel

e) À ce temps-là, quelle est la terminaison de tous les verbes à la 1re personne du singulier ?
La terminaison est: *-rais*

EXEMPLES DE RÉPONSES

Si je visitais d'autres pays, je rencontrerais (d'autres personnes, des gens, etc.).

Si je rencontrais (d'autres personnes, des gens, etc.), je me ferais (des copains, de nouveaux amis, de nouvelle connaissances, etc.).

Si je me faisais (des copains, de nouveaux amis, de nouvelle connaissances, etc.), je les inviterais (chez moi, dans ma ville, etc.).

Si je les invitais (chez moi, dans ma ville, etc.), j'aurais (du plaisir, des surprises, etc.).

PROLONGEMENT

- Refaire l'exercice en modifiant la personne sujet.
- Refaire l'exercice en modifiant les verbes imposés (par exemple, choisir des verbes irréguliers au programme).

3 *EXEMPLES DE RÉPONSES*

1. Si vous alliez à la bibliothèque, vous choisiriez (des romans, des livres, des bandes dessinées, etc.).
2. Si vous choisissiez (des romans, des livres, des bandes dessinées, etc.), vous (les) liriez.
3. Si vous (les) lisiez, vous découvririez (des histoires amusantes, des personnages terrifiants, etc.).

4. Si vous découvriez (des histoires amusantes, des personnages terrifiants, etc.), vous auriez (du plaisir, des frissons, etc.).
5. Si vous aviez (du plaisir, des frissons, etc.), vous seriez (comblés, contents, etc.)

PROLONGEMENT

– Refaire l'exercice en modifiant la personne sujet.
– Refaire l'exercice en modifiant les verbes imposés.
– Refaire l'exercice en laissant le choix des verbes à l'élève.

4

a) Bois un verre de lait.

b) Prends un bain et joue avec les bulles.

c) Oublie les petits chagrins.

d) Fais un brin de lecture au lit. Lis des histoires endormantes...

e) Plonge la chambre dans le noir.

f) Embrasse **ton** toutou préféré.

g) Pense au plus beau moment de **ta** journée.

NOTE

Faire remarquer les changements de déterminants (en gras dans les réponses ci-dessus).

SUGGESTION

Ajouter l'étape suivante :

Étape 2

Forme une équipe avec un ou une camarade. Ensemble, vérifiez la terminaison de chacun de vos verbes.

5

SUGGESTION

Voici des mots qui pourraient donner des idées aux élèves : *musique, ballons, festin, gâteau, jeux, plaisir, jouer, danser, chanter, couleurs, dessins, décoration, chapeaux, amis, parents, concours, cadeaux, déguisement.*

6

NOTE

Pour les élèves qui en ont besoin, **faire du modelage** sur une partie de l'exercice en suivant les étapes ci-dessous :

1. Vérifier les verbes et les sujets repérés :
   a) Les mots encadrés sont-ils vraiment des verbes ? Laisser des traces pour chacun.
   b) Les groupes de mots mis entre crochets ont-ils tous la fonction de sujet ? Laisser des traces pour chacun.

2. Vérifier si des verbes ou des sujets ont été oubliés ou mal repérés. Laisser les traces habituelles.

3. Vérifier l'accord de chaque verbe avec son sujet. Laisser les traces habituelles (revoir les traces à la p. 178 du manuel).

6 **Voici un texte que Pierre a écrit. Prends connaissance de son travail. Tu devras le corriger.**

[J'] ai fait un rêve. [J'] étais un oiseau, mon frère aussi. [Nous] volions très haut.
Pron-S V Pron-S V Pron-S V

Au sol, [les maisons] semblaient toutes petites. Les autos, [je] les prenaient (s)
GN-S V Pron-S V

pour des fourmis ! [Les arbres de la forêt] ressemblait (ent) à des brocolis. Après un
GN-S V

moment, [nous] voulions grignoter. [Les autres oiseaux] mangeaient des mouches
Pron-S V GN-S V

et des vers de terre. Ouach !!! [Mon rêve] a viré au cauchemar. [Ma mère et mon
GN-S V GN-S

père] m'on (ont) réveillé. ... Au prochain rêve, [j'] emporterai un sac de provisions !
V Pron-S V

a) **Vérifie tous les mots encadrés et tous ceux entre crochets. Complète les traces.**

b) **Vérifie l'accord de tous les verbes. Laisse les traces nécessaires.**

NOTES

– Accepter que seule la partie conjuguée des verbes au passé composé soit identifiée mais faire remarquer aux élèves la présence de ce temps lors de la correction.

– Au besoin, exiger encore les traces des manipulations (encadrement du sujet par *c'est…qui*, ajout de la négation au verbe, etc.).

7 *EXEMPLES DE PHRASES*

- Phrase 1 : *John et Véronique jouaient au ballon.*
- Phrase 2 : *Les groupes de musiciens de l'école réfléchissaient à leur prochain concert.*

- Phrase 3 : *Ils dansaient sur la scène.*
- Phrase 4 : *Tu pensais revenir.*
- Phrase 5 : *Elle bondissait de joie.*
- Phrase 6 : *Je coupais des carottes.*
- Phrase 7 : *On rougissait pour rien.*
- Phrase 8 : *Vous faisiez des crêpes.*

PROLONGEMENTS

– Refaire cet exercice avec le futur, le conditionnel, le présent, le passé composé. Au début, utiliser un seul temps de verbe à la fois. Ensuite, mêler les temps pour augmenter la difficulté.

– Varier les verbes et les sujets en utilisant le modèle de tableau ci-dessous. Décider des précisions manquantes (verbe à utiliser et temps) et les dicter aux élèves. Reprendre le même tableau en variant les verbes, le ou les temps et la banque de sujets.

Dans un tableau semblable à celui ci-dessous, ajoute les précisions que l'on te donne. À partir du verbe, de la personne et du temps donnés, compose une phrase en utilisant la banque de sujets.

Éléments à utiliser pour composer tes phrases		
Banque de sujets :		
Verbe	**Temps**	**Phrase à composer**
Exemple : *jouer*	imparfait	*Ils jouaient au ballon.*

CORRIGÉ • Document reproductible 9-10 *a* et *b*

8 Voici une entrevue dans laquelle le Père Noël (le vrai) explique son retard à livrer quelques cadeaux en décembre dernier. Malheureusement, quelques verbes sont mal accordés dans ce texte. Trouve-les et corrige-les en laissant des traces !

Journaliste : Bonjour Père Noël. Racontez-nous votre mésaventure.

distribuerai

1re pers. s. ne pas

s

Père Noël : Pendant que [je] distribuai~~t~~ des cadeaux, une cheminée brillait au loin.

Pron-S V

• • •

C'est qui semblera
ne pas
3e pers. s.
t

[Elle] semblais si belle ... Je n'avais rien à livrer là, mais j'ai décidé d'y

Pron-S V

descendre quand même. C'est alors que ma botte gauche a glissé dans un trou.

J.: À ce moment, est-ce que vous avez crié ?

P. N.: Non. Je cherchais une solution quand mon téléphone portable a sonné.

C'est qui demandera
Elle: 3e pers. s. ne t pas

Père Noël : [La Mère Noël, un peu inquiète], me demandais ma position.

GN-S V

C'est qui détectera
Ils: 3e pers. pl. ne ent pas

[Ses radars] ne me détectais plus ... Nous avons décidé d'envoyer les lutins

GN-S V

à ma rescousse. Les secours ont été rapides. J'ai pu terminer ma tournée.

J.: Est-ce que vous avez tiré une leçon de votre aventure ?

P. N.: Bien sûr ! J'attendrai d'être en vacances pour faire mes explorations !

C'est qui voyagent
Ils: 3e pers. pl. ne t pas

De plus, [Mère Noël et quelques lutins] voyagerons avec moi pour m'aider.

GN-S V

Chapitre 10 L'accord du participe passé

➤ → p. 198

Ce chapitre initie l'élève à la notion de participe passé et à son accord. Le simple fait de reconnaître le participe passé et de distinguer le PP en *-é* du verbe infinitif en *–er* constitue une difficulté énorme pour les élèves. Ensuite, l'accord comme tel du PP (ou son invariabilité après *avoir*) ne présente pas trop de difficulté, à ce niveau, car les cas avec complément direct placé avant *avoir* ne sont pas traités.

Ce chapitre devrait être abordé seulement lorsque l'accord dans le GN et l'accord sujet-verbe sont exécutés avec aisance en révision de texte. Autrement, l'élève se retrouvera vite en surcharge cognitive.

➤ → p. 200

C Observe un test pour distinguer le participe passé en *–é* du verbe à l'infinitif en *–er*

Il y a des élèves qui éprouvent de grandes difficultés à utiliser ce test. La substitution par un PP en *-i* ou *-u* ne les aide pas à décider s'il s'agit d'un PP ou d'un infinitif. On peut les aider en leur faisant remarquer que, pour faire cette substitution, on ne considère pas toute la phrase mais seulement un groupe de mots ou le sujet avec le verbe sans ses compléments… sinon, le remplacement donne souvent des résultats très, très bizarres… et pas très corrects ! Par exemple :

~~perdre~~
perdu (??)

Pendant la visite guidée, une scientifique a **expliqué** comment les tarentules font pour attraper leurs proies.

En remplaçant *expliqué* par *perdu*, la phrase lue entièrement paraît étrange, autant qu'avec *perdre* mais le groupe *une scientifique a perdu*… se dit bien alors que *une scientifique a ~~perdre~~*… ne se dit pas.

➤ → p. 201

D Observe un autre moyen pour distinguer le participe passé en *–é* du verbe à l'infinitif en *–er*

Pour le verbe à l'infinitif, nous considérons la position «préposition + Vinf» (pour les élèves : «mot invariable comme *à*, *de*, *pour*, *sans* + Vinf») comme un «lieu sûr» vu la grande rareté des structures «*de* + PP» (ex.: *Nous avons déjà beaucoup de feuilles **de ramassées**.*).

La structure «deux verbes qui se suivent…» est considérée comme un lieu presque sûr pour deux raisons :

- il faut d'abord remarquer que le 1er verbe n'est jamais *être* ni *avoir*,
- quelques verbes comme *sembler* et *paraître* peuvent être suivis d'un infinitif ou d'un participe passé (tel que mentionné dans la note de *la p. 201 du manuel*).

➤ → p. 202

E Observe quand et comment le participe passé s'accorde

Proposer aux élèves d'utiliser un transparent fixé sur la page du manuel à l'aide de trombones pour y repérer les participes passés. Cela leur évitera la tentation d'écrire dans le manuel…

L'ACCORD DU PARTICIPE PASSÉ
Corrigé des exercices, p. 203-205

CORRIGÉ • Document reproductible 10-1

Les participes passés ont été soulignés.

1 **Dans le texte suivant, repère tous les participes passés. Pour chacun, laisse des traces.**

perdu — perdu — fini
Tourmaline a <u>trouvé</u> un mystérieux ballon <u>accroché</u> à un arbre. Dessus, on avait <u>inscrit</u>
PP — PP — PP

des mots dans une langue qu'elle ne comprenait pas. S'agissait-il d'un message

fini — fini
qu'un espion avait <u>envoyé</u> à un agent secret ? Était-ce un ballon qui avait <u>traversé</u> le ciel
PP — PP

fini
de plusieurs pays ? Tourmaline était <u>troublée</u> par ces questions. En allant au parc,
PP

perdu — fini — fini
elle a <u>rencontré</u> Vladimir et lui a <u>montré</u> l'étrange ballon. Vladimir a <u>souri</u> à Tourmaline :
PP — PP — PP

« Ton ballon ne vient pas de l'autre bout du monde, il vient de chez moi ! Sur le ballon,

fini
on a <u>écrit</u> *Joyeux anniversaire* en polonais. Hier, c'était ma fête ! » « Aujourd'hui,
PP

fini — fini
j'ai <u>appris</u> quelque chose, a <u>confié</u> Tourmaline à son journal. Vladimir a le plus beau
PP — PP

sourire du monde ! »

2 ***EXEMPLES DE PHRASES***

Les enfants sont allés au parc pour jouer au ballon.
Nous avons demandé la permission d'aller au cinéma.
Julie est passée chercher son cerf-volant.

PROLONGEMENT

Quelques phrases pourront être choisies pour une dictée collective.

3

fini
Hier, Axelle et Stéphanie ont perdu leur petit frère à la librairie.
Vavoir PP invar.

fini
Elles l'ont cherché partout.
Vavoir PP invar.

fini
[Elles] sont allées voir les agents de sécurité.
Pron-S f.pl. Vêtre PP f.pl.

fini
[Ils] sont venus les aider.
Pron-S m.pl. Vêtre PP m.pl.

fini perdu
Après plusieurs minutes, elles ont trouvé le petit caché avec son chat et lisant
Vavoir PP invar. D N m.s. PP m.s.
GN m.s.

fini
une bande dessinée.
D N f.s. PP f.s.
GN f.s.

fini
À la maison, maman a envoyé fiston réfléchir dans sa chambre.
Vavoir PP invar.

fini fini
[Le petit et son chat] sont montés, ils ont fermé la porte,
GN-S m.pl. Vêtre PP m.pl. Vavoir PP invar.

fini fini
puis ils ont retrouvé leur collection de bandes dessinées !
Vavoir PP invar. N f.pl. PP f.pl.
GN f.pl.

NOTES

- On peut faire faire le travail en deux temps.
- Au secondaire, les élèves apprendront que dans la phrase «… elles ont trouvé le petit caché avec son chat…» le **PP** *caché* est un attribut du complément direct, qu'il ne fait pas partie du GN. L'analyse faite ici convient mieux à l'élève du primaire et cette simplification n'affecte en rien les relations d'accord à faire.

4

fini
[Marguerite et Florent] sont décidés : ils vont pique-niquer au parc.
GN-S m.pl. Vêtre PP m.pl.

fini fini
[Le soleil] est levé. [La température] est glacée.
GN-S m.s. Vêtre PP m.s. GN-S f.s. Vêtre PP f.s.

fini

Malheureusement, des fourmis affamées sont au rendez-vous.

D N f.pl. PP f.pl.

GN f.pl.

fini

Une mouette blessée se met aussi de la partie !

D N f.s. PP f.s.

GN f.s.

CORRIGÉ • Document reproductible 10-2 *a* et *b*

5 Dans le texte ci-dessous, repère toutes les erreurs.

Je m'appelle Luce . J' ai rêvé que [j'] [étais] devenu(e) un poisson . J' avais

Pron-S f.s. (je = Luce) Vêtre PP f.s.

perdu / es

des nageoires lustré~~e~~ et de fines écailles bleues . J' étais soulevée par les vagues .

D N f.pl. PP f.pl.

GN f.pl.

perdu / és

C' était vraiment bien . [J'] [étais] émerveillé(e) par les coquillages déposé~~e~~ au fond

Pron-S Vêtre PP f.s. — D N m.pl. PP m.pl.

GN m.pl.

perdu / es

de l'eau . Tout à coup, j' ai traversé des eaux pollué~~e~~ . Malheur ! [J'] [étais] pris(e) dans

D N f.pl. PP f.pl. — Pron-S f.s. Vêtre PP f.s.

GN f.pl.

à me perdre / er

une marée noire ! J' étais découragée , mais j' [ai] réussi~~e~~ à me libér~~é~~ de cet enfer .

Vavoir PP invar.

[Je] [suis] descendu(e) dans le fond de l'eau pour me reposer sur les coraux ,

Pron-S f.s. Vêtre PP f.s.

• • •

mais un crabe géant a mordu ma queue. Franchement, la vie de poisson

fini é

n' est pas de tout repos. Au moment où un gros poisson gris a foncer

Vavoir PP invar.

me perdre er

e

sur moi en ouvrant la gueule, [ma mère] est venu me réveiller.

GN-S Vêtre PP f.s.

f.s.

J' étais soulagée jusqu'à ce que je remarque sa queue de poisson ...

a) **Vérifie l'accord de tous les participes passés.**

b) **Vérifie aussi si on a mélangé l'infinitif (-*er*) et le participe passé (-*é*).**

PARTIE 4
Comprendre et écrire correctement les mots

Chapitre 11 Consulter un dictionnaire

➤ → p. 208

A Observe des informations qu'on trouve dans un dictionnaire

Si les élèves ont accès à un autre dictionnaire que le *Larousse des débutants* (qui a servi de modèle pour le manuel), terminer l'activité en leur demandant d'examiner le dictionnaire disponible dans la classe. Reprendre les questions de la *page 208*. Comparer avec les observations à partir du manuel:

– *Y trouve-t-on les mêmes renseignements ?*

– *Sont-ils indiqués de la même façon ?*

➤ → p. 209

B Observe comment les mots sont répartis dans un dictionnaire

Le but de cette activité est d'habituer l'élève à ouvrir son dictionnaire directement dans une zone proche du mot recherché afin de rendre la consultation plus rapide (moins la recherche demandera d'efforts, plus l'élève utilisera son dictionnaire).

Pour calculer l'«épaisseur» de chaque lettre dans le dictionnaire, on peut répartir les lettres entre les élèves et faire calculer le nombre de pages pour chaque lettre.

➤ → p. 210

D Observe comment surmonter deux difficultés

L'élève constatera ici que si le mot ne se trouve pas dans le dictionnaire il faut souvent penser à d'autres graphies possibles (surtout pour le début du mot) et vérifier son sens (en cas de graphie d'un homophone).

PROLONGEMENT

Faire construire un tableau de correspondance sons-graphies que l'élève pourra consulter.

Voici une liste de sons qui peuvent s'écrire de différentes façons:

– des sons-voyelles: [a] [an] [é] [è] [i] [in] [o] [on];

– des sons-consonnes: [k] [f] [ge] [gu] [s] (+ les lettres-consonnes qui peuvent se doubler: *d, l, m, n, p, r, t*);

– le son [y] dans des mots comme: *voyage, fier, béta**il**, mou**ill**er*.

Demander aux élèves de trouver différentes graphies des sons voyelles ou consonnes, puis compléter en donnant les graphies du son [y]. Procéder à une mise en commun qui pourra être consignée sur une affiche pour la classe ou dans le cahier de grammaire, ou encore, insérée dans le dictionnaire. Le tableau n'a pas besoin d'être complet dès le début: une graphie ou un son qui n'est pas dans le tableau peut toujours y être ajouté par les élèves.

CONSULTER UN DICTIONNAIRE
Corrigé des exercices, p. 211-213

1. a) bottin, chiffre, gazelle, maison, peluche;

b) difficile, dindon, dire, disque, divers, dix;

c) bouchon, bougie, bouillon, boulevard, bouquet, bouteille;

d) caractéristique, carcasse, caribou, carie, carotte, carré, cartable, carton;

e) pendule, pente, perdre, perdrix, période, perruche, personne, perte, prendre.

VARIANTE

Un ou une élève trouve dans le dictionnaire 4 ou 5 mots qui commencent par la même syllabe et les donne, en désordre, à un ou une camarade qui doit les ordonner le plus rapidement possible. Graduellement, allonger les séries de mots à mettre en ordre et raccourcir le temps alloué pour faire l'exercice.

2. NOTE

Attention à la difficulté suivante: l'exercice fournit le code, qui a donc servi à écrire («coder») le message, mais dans l'exercice, il faut **décoder**. L'élève aura plus de facilité à comprendre dans quel sens il doit utiliser le code s'il fait l'exercice n° 3 avant celui-ci.

a) *Message décodé*: À quel endroit avril est avant mars ? Dans le dictionnaire.

b) *Message décodé*: Nous vivons dans le ciel ou dans la mer. Que sommes-nous ? Les étoiles.

c) *Message décodé*: Mon premier désigne un ensemble. Mon second est un oiseau bavard. Mon tout est un jouet qui tourne. Que suis-je ? Une toupie.

Message dans la bulle : **Code:** Plus deux lettres: *Que suis-je ?*

3. a) *Message codé*: Rvf gbju vo qpv tvs vof dmpdif ? Qpvejoh !

b) *Message codé*: Pt'drs-bd pth odts ezhqd kd sntq ct lnmcd dm qdrszms bnkkd czmr rnm bnhm ? Tm shlaqd.

PROLONGEMENT

L'élève invente un message secret et le fait décoder par un ou une camarade.

4. 1) vrai 2) faux 3) vrai 4) vrai 5) vrai

PROLONGEMENT

Demander aux élèves de préparer des listes de *Vrai ou faux* à l'aide du dictionnaire. Leur demander de s'échanger leurs listes.

5 1) porc; port

2) tente; tante

3) seau; saut; sot

4) mer; maire; mère

5) ver; verre; vert

6. 1) aiguille

2) jambon

3) descendre

4) vaisselle

5) peigne

6) bœuf

PROLONGEMENT

- Dicter aux élèves un mot dont la graphie leur est inconnue (*voir la liste d'exemples ci-dessous*). Leur demander ensuite de proposer trois ou quatre graphies pour ce mot et de trouver la bonne dans le dictionnaire.
- Demander de composer une phrase avec chaque mot bien écrit.

EXEMPLES DE MOTS À DICTER

assiette, atmosphère, ceinture, emploi, enveloppe, flamber, gentil, instinct, lointain, moins, nécessaire, patience, précédent, rattraper, tantôt, univers, vieillard.

Chapitre 12 Explorer le vocabulaire

→ p. 214

Ce chapitre présente différents **moyens d'acquérir du vocabulaire** mais, pour que les élèves apprennent un bon nombre de nouveaux mots, il faut poursuivre ces activités.

Inviter les élèves à se faire des listes de mots et à les consigner dans un cahier (ou sur des feuilles regroupées dans un cahier à anneaux, ou encore, consacrer une partie du cahier de grammaire au vocabulaire).

- Prévoir:
  - quelques pages pour des constellations de mots (possiblement en lien avec des projets),
  - une page qui prolongerait la liste d'adjectifs proposée dans le manuel (liste à enrichir au fil des lectures et des travaux faits en classe),
  - une page pour noter des mots génériques (appelés «mots englobants» pour les élèves),
  - une autre pour des mots fourre-tout à remplacer par des mots plus précis,
  - une pour des antonymes.
- On peut aussi ajouter, même si cela n'est pas traité dans la leçon, une page pour des échelles de mots à employer pour nuancer.

EXEMPLES

hurler	adorer	la terreur
…	…	…
…	…	…
dire	aimer	la peur
…	…	…
…	…	…
chuchoter	apprécier	la crainte

Ce cahier serait mis à jour au fil des lectures et consulté au cours des activités d'écriture, tant pour la préparation que la révision des textes.

EXPLORER LE VOCABULAIRE
Corrigé des exercices, p. 218-219

1. *EXEMPLE DE TEMPÊTE D'IDÉES POUR LES «MOYENS DE TRANSPORT»*

métro, train, avion, navette spatiale, hélicoptère, bateau, sous-marin, bicyclette, autobus, camion, automobile, motocyclette

REGROUPEMENTS POSSIBLES

métro, train = pour voyager sur des rails
avion, navette spatiale, hélicoptère = pour voyager dans les airs
bateau, sous-marin = pour voyager sur l'eau
bicyclette, autobus, camion, automobile, motocyclette = pour voyager sur la terre
(Un autre classement possible serait, par exemple, selon le nombre de roues: 0, 2, 4, plus de 4.)

VARIANTE

Faire la tempête d'idées à deux, puis chaque élève fait son propre classement. On regarde ensuite si on a adopté le même classement, ce qui ne sera pas nécessairement le cas. Le choix des classes peut être personnel du moment qu'il est logique.

PROLONGEMENT

Proposer aux équipes d'échanger leurs constellations. Faire ajouter des mots à ces constellations. Refaire cet exercice avec d'autres thèmes. Faire préparer une constellation collective notée au tableau et consignée dans un cahier. Faire préparer une constellation comme élément déclencheur avant de commencer une recherche.

2. a) animal préhistorique, reptile géant, dinosaures.

b) *Accepter les réponses équivalentes.*

Il y a très longtemps, le tyrannosaure vivait en Amérique du Nord. **Ce* dinosaure** avait de grandes dents très pointues et il était carnivore. Les scientifiques pensent que **ce* reptile géant** mesurait jusqu'à 15 mètres de long.

*Le cas échéant, faire remarquer les changements de déterminant nécessaires pour que le texte demeure cohérent. Si on écrivait : *Les scientifiques pensent qu'**un* reptile géant…*** on ne comprendrait pas qu'il s'agit seulement du tyrannosaure.

3. *EXEMPLES DE RÉPONSES*

a) fruit, végétal

b) félin, mammifère

c) oiseau (de proie), animal

d) bateau, moyen de transport

4. a) Ce matin, Félix **se porte** beaucoup mieux qu'hier.

b) Félix veut **se rendre** à la piscine.

c) Quel est le chemin qui **conduit** (**mène**) à la piscine ?

d) Il est si gêné qu'il préfère **partir** !

PROLONGEMENT

Refaire l'exercice avec d'autres mots courants qui ont plusieurs sens (ex. : *mettre* et *prendre*). Au lieu de présenter l'article de dictionnaire, on peut présenter une liste de synonymes.

5. a) *synonymes* : bizarre, anormal / *antonyme* : normal.

b) *synonyme* : dure / *antonymes* : compréhensive, gentille.

c) *synonymes* : magnifique, merveilleux, superbe/ *antonymes* : affreux, horrible.

d) *synonymes* : calme, tranquille / *antonyme* : bruyant.

e) *synonyme* : désolé / *antonyme* : content, enchanté, ravi.

EXEMPLES DE PHRASES

a) En entrant, j'ai remarqué une odeur anormale.
Ce bruit, il est normal.

b) Elle est dure avec ses amis.
Elle est tellement gentille !

c) Quel magnifique gâteau !
Quelle horrible créature !

d) Les enfants sont sortis, la maison est calme.
Les enfants sont de retour, la maison est bruyante.

e) Je suis désolée que tu aies perdu ton chat.
Je suis content que tu reviennes à la maison.

PROLONGEMENT

Refaire l'exercice avec d'autres mots. S'assurer préalablement que le dictionnaire utilisé par les élèves indique un synonyme et un antonyme pour chaque mot choisi. On peut aussi travailler séparément les synonymes et les antonymes.

NOTE

Voir à la page 129 du présent guide des suggestions d'activités concernant la liste des adjectifs en annexe (*pages 286 à 288 du manuel*).

Chapitre 13 Les familles de mots

Ce chapitre aborde les familles de mots et la formation de mots avec des préfixes et des suffixes fréquents, autant pour la compréhension des mots (points 1 et 2) que pour y avoir recours comme stratégie en orthographe d'usage.

➤ → p. 220 1. Les caractéristiques d'une famille de mots

Si les élèves ne trouvent pas les deux caractéristiques d'une famille de mots (partie de mot semblable **et** parenté de sens), laisser en suspens et passer à la consigne **Montre ta compréhension** (*p. 221 du manuel*). En examinant ce qui ne constitue pas une famille de mots, il leur sera plus facile de découvrir ces deux caractéristiques. Revenir ensuite à **Dis dans tes mots** pour énoncer les deux caractéristiques.

LES FAMILLES DE MOTS
Corrigé des exercices, p. 225-226

→ p. 281-282

PROLONGEMENTS POSSIBLES POUR LES EXERCICES 1 À 6 DE CE CHAPITRE

- Demander aux élèves de préparer un exercice semblable à celui qui vient d'être fait, à donner ensuite en exercice à une autre équipe. Diminuer toutefois le nombre de mots ou de séries à trouver.

  … Nombreuses consultations de dictionnaire en perspective !
- À la suite des exercices 2 à 5, demander aux élèves de composer une phrase pour chaque mot trouvé.

1. a) boulevard

b) plonger

c) ronfleur

d) orange

e) accident

2.
- **a)** glacial/glaciale
- **b)** final/finale
- **c)** stressant/stressante
- **d)** calculable
- **e)** génial/géniale
- **f)** dangereux/dangereuse
- **g)** souriant/souriante
- **h)** nuageux/nuageuse
- **i)** souhaitable
- **j)** divisible
- **k)** régional/régionale
- **l)** rocheux/rocheuse

NOTE

Préciser aux élèves qu'il importe de vérifier dans le dictionnaire si le mot existe.

3.
- **a)** découragement
- **b)** décoration, décorateur/décoratrice
- **c)** création, créateur/créatrice
- **d)** glissade
- **e)** effacement
- **f)** coloriage
- **g)** sculpteur/sculptrice (**on dit aussi* sculpteure)
- **h)** présentation, présentateur/présentatrice
- **i)** bavardage
- **j)** remorquage
- **k)** organisation, organisateur/organisatrice
- **l)** tremblement

NOTE

Préciser aux élèves qu'il importe de vérifier dans le dictionnaire si le mot existe.

4.
- **a)** voyag + euse
- **b)** polic + ier
- **c)** journal + iste
- **d)** re + voir
- **e)** soulage + ment
- **f)** dés + habiller
- **g)** matin + ale
- **h)** in + exploré
- **i)** dé + gel
- **j)** pré + chauffer
- **k)** jardin + age
- **l)** nuag + eux

5.
- **a)** Le tuyau n'est plus **bouché**. Il est ***débouché***.
- **b)** Cela n'est pas **possible**. C'est ***impossible***.
- **c)** Il n'est pas **capable** de grimper. Il est ***incapable*** de grimper.
- **d)** Cette actrice n'est pas **connue**. Elle est ***inconnue***.
- **e)** Sa blessure n'est plus **infectée**. Elle est ***désinfectée***.
- **f)** Ton conseil n'est pas **utile**. Il est ***inutile***.

6
- **a)** antique (*anti-* ne signifie pas *contre*)
- **b)** bijou (*bi-* ne signifie pas *2*)
- **c)** décembre (*dé-* ne signifie pas *le contraire de*)
- **d)** illustré (*il-* ne signifie pas *le contraire de*)
- **e)** régler (*ré-* ne signifie pas *de nouveau*)

7 *Les corrections et justifications sont en gras.*

Élise fait du vélo de montagne le plus souvent possible. C'est son spor**t** (*spor**t**if*) préféré. Même si ses parents trouvent cela dang**e**reux (*dang**e**r*), ils l'encouragent. Sur son vélo, la timide Élise se sent différente, plus forte. Seul le ven**t** (*ven**t**er, ven**t**eux*) peut la ral**en**tir (*l**en**t, l**en**tement*). Il y a quelques années, un inco**nn**u (*co**nn**u, co**nn**aître, co**nn**aissance*) a offert à Élise de devenir son entraîneur. Elle s'en souvient encore. Il portait un lon**g** (*lon**g**ue, lon**g**ueur, allon**g**er*) manteau gri**s** (*gri**s**e, gri**s**aille, gri**s**âtre*) et un chapeau ron**d** (*ron**d**e, ron**d**eur*). Élise a accepté. Bientôt, elle représentera son pay**s** (*pay**s**age*) aux Jeux olympiques.

Chapitre 14 Des régularités orthographiques

Les règles traitées dans le présent chapitre ont déjà été vues au premier cycle pour la lecture. Nous les revoyons ici pour la compétence à écrire.

Puisque les contenus sont connus de la plupart des élèves, ce chapitre est tout indiqué pour les familiariser à la démarche suivie dans le manuel : les consignes, l'effort de réflexion à fournir, la formulation dans ses propres mots, etc.

➤ → p. 227

1. L'emploi de la lettre m dans les sons [an], [on] et [in]

- Laisser chercher les élèves un bon moment. Si le fait que les mots n'ont pas de rapport de sens entre eux semble les dérouter, les inviter à relire le titre de l'activité pour les orienter vers l'observation de l'orthographe des sons…
- Au besoin, donner l'indice suivant :
  – *Regarde les lettres autour des sons* [an], [on] *et* [in].

DES RÉGULARITÉS ORTHOGRAPHIQUES
Corrigé des exercices de la p. 231

→ p. 283-284

1.

banque	embarquer	framboise	impossible
comptine	félin	imbattable	vampire

PROLONGEMENT

Demander de choisir cinq mots parmi les mots corrigés pour les utiliser dans de courtes phrases.

NOTE

Choisir les meilleures phrases d'élèves et les donner en dictée.

2. a) Lucille, ma **cousine**, est malade : elle a avalé du **poison** à rats.

b) Françoise a **cassé** son crayon parce qu'elle l'a **laissé** tomber.

c) Plusieurs petits **poussins** courent vers le ruisseau.

3. 4. 5

NOTES POUR LES N^OS 3, 4 ET 5

Si un élève rencontre un mot à deux *g* comme *garage*, lui dire quoi faire : le placer dans les deux colonnes en soulignant chaque fois ce qui est pertinent pour la colonne.

PROLONGEMENTS

- Proposer aux élèves de former des équipes pour vérifier les classements et mettre en commun les trouvailles. Conserver ces tableaux pour la consultation dans un cahier de vocabulaire (ou sur des feuilles regroupées dans un cahier à anneaux, ou encore, y consacrer une partie du cahier de grammaire). Au hasard des rencontres, ajouter d'autres mots dans ces tableaux.
- Choisir les mots les plus connus des élèves et les donner en dictée, surtout après avoir fait plusieurs tableaux sur les lettres et sons étudiés.

IMPORTANT

Faire étudier ces mots classés dans les tableaux. Lorsqu'il est difficile de savoir si tel mot prend un *s* ou un *c*, la mémoire visuelle aidera l'élève, qui se souviendra que « le mot était dans la colonne avec tel autre... ».

CORRIGÉ • Document reproductible 14-1

NOTE

À faire en deux fois si désiré.

6 Lis le texte ci-dessous.

Amandine l'~~inprudente~~ *imprudente* a grimpé sur un ~~conptoir~~ *comptoir* pour prendre une friandise dans sa boîte rouge. Malheureusement, elle a fait un ~~plongon~~ *plongeon* et elle est tombée sur son petit nez ~~retrousé~~ *retroussé*. Guy a appelé les secours. Les ~~anbulanciers~~ *ambulanciers*, ~~fatigés~~ *fatigués* par leur travail ~~exigant~~ *exigeant*, ont emmené la ~~blesée~~ *blessée* à l'hôpital. Pauvre Amandine !

Elle aurait préféré un tour de carrosse volant ! Rendue à l'urgence, elle a eu

peur des aiguilles, mais elle n'a pas pleuré.

Quand France a appris que la petite avait retenu ses larmes, elle lui a

• • •

suçon délicieux glaçage

offert un ~~sucon~~ en sucre d'orge couvert d'un ~~déliçieux~~ ~~glacage~~ blanc !

Repère les mots mal écrits. Récris-les en les corrigeant.

ANNEXES

Le manuel présente en annexes une **liste d'adjectifs** à faire découvrir aux élèves (*pages 286 à 288*) et des **tableaux de conjugaison** aux *pages 289 à 296*.

1. Liste d'adjectifs

Les adjectifs sont, pour la plupart, répartis en trois listes:

1) des classifiants ou des qualifiants ni positifs ni négatifs;
2) des qualifiants à valeur méliorative;
3) des qualifiants à valeur péjorative.

Puisque les adjectifs ainsi classés sont pris hors contexte, le découpage est souvent discutable. Ne pas voir là une volonté de catégoriser, mais un désir de rendre les listes plus opératoires.

SUGGESTION D'ACTIVITÉS POUR APPRIVOISER LA LISTE

1. Faire chercher aux élèves le sens des adjectifs qui sont nouveaux à leurs yeux. Partager la tâche entre les équipes: chacune devra expliquer à la classe le sens des adjectifs de sa partie de la liste. Répartir le compte rendu des équipes sur une semaine ou ne travailler que le nécessaire en lien avec la préparation d'une production, par exemple les adjectifs qui décrivent un paysage.

2. Faire écrire un minitexte en s'amusant à créer un personnage. Choisir des adjectifs pour décrire l'allure du personnage, son caractère, etc.

3. Préparer des listes semblables avec les élèves: des adjectifs pour décrire un animal, la mer, un ami, un ennemi, la température, le froid, un travail, etc.

4. Prolonger les listes. Par exemple, trouver la description de personnages dans un texte et voir si les adjectifs sont déjà dans les listes, sinon, les ajouter dans son cahier (en vérifiant le sens dans le dictionnaire au besoin).

NOTE

Le Robert constitue une excellente source de suites lexicales. *Le Petit Robert* en contient aussi une certaine quantité.

2. Tableaux de conjugaison

Voici l'ordre de présentation des tableaux de conjugaison et quelques précisions sur certains verbes.

Danser et *Jouer* → p. 289

- Modèles pour les verbes réguliers à l'infinitif en *–er*.
- Plus de 10 000 verbes se conjuguent sur ce modèle en français !

Être et *Avoir* → p. 290

- Verbes très irréguliers mais extrêmement fréquents.
- Servent d'auxiliaire dans les temps composés.
- Ces verbes sont **à apprendre sur le bout des doigts** car il est important de reconnaître facilement toutes leurs formes dans les textes afin de faciliter certains accords.

Grandir et *Partir* → p. 291 • *Venir* et *Dire* → p. 292

- Le verbe *Grandir* sert de modèle de conjugaison à environ 80 verbes en français, mais tous les verbes à l'infinitif en *–ir* ne suivent pas ce modèle, c'est pourquoi la conjugaison de *Grandir* est suivie de celle de verbes irréguliers fréquents dont l'infinitif se termine par le son [ir].

Aller et *Faire* → p. 293 • *Prendre* et *Mettre* → p. 294

- La conjugaison du verbe *Aller*, verbe très irrégulier et aussi extrêmement fréquent, est suivie des verbes irréguliers à l'infinitif en *–re*.

Pouvoir et *Vouloir* → p. 295 • *Savoir* et *Voir* → p. 296

- Verbes irréguliers à l'infinitif en *–oir*.

NOTE

Le présent du subjonctif et le participe présent ne figurent pas dans les tableaux de conjugaison. Les activités suggérées aux pages 106 à 110 du présent guide permettront de pallier ce manque. Nous considérons qu'au moment où les élèves abordent ces modes, ils et elles sont capables de consulter un véritable dictionnaire de verbes, ce à quoi nous les initions dans les activités du guide.

Bibliographie

- BARTH, Britt-Mari, *L'apprentissage de l'abstraction*, Paris, Retz, 1987.
- CAMPANA, Marc et Florence CASTINCAUD, *Comment faire de la grammaire*, ESF Éditions, 1999.
- CHARTRAND Suzanne-G., Denis AUBIN, Raymond BLAIN et Claude SIMARD, *Grammaire pédagogique du français d'aujourd'hui*, Boucherville, Graficor, 2000.
- CHARTRAND Suzanne-G. et Claude SIMARD, *Grammaire de base*, Montréal, ERPI, 2000.
- CHARTRAND, Suzanne-G. (dir.), *Pour un nouvel enseignement de la grammaire*, Montréal, Logiques, 1996.
- GARON, Roseline et Manon THÉORÊT, *L'effort à l'école, un goût à développer*, Montréal, Logiques, 2000.
- HOWDEN, Jim et Huguette MARTIN, *La coopération au fil des jours*, Montréal, Chenelière-McGraw Hill, 1997.
- LAHIRE, Bernard, *Culture écrite et inégalités scolaires*, Presses Universitaires de Lyon, 1993.
- NADEAU, Marie, «Le matériel scolaire et sa part de responsabilité dans les performances des écoliers en orthographe grammaticale», revue de l'Association canadienne de linguistique appliquée, vol 17, n° 2, 1995, p. 65-85.
- NADEAU, Marie, «La réussite des accords grammaticaux au primaire, comment relever le défi ?», dans CHARTRAND, Suzanne-G., *Pour un nouvel enseignement de la grammaire*, Montréal, Logiques, 1996, p. 279-315.
- NADEAU, Marie, «Identification et accord des mots: une expérimentation en 3e primaire», *Repères*, n° 14, 1996, p. 141-159.
- NADEAU, M. et C. MICHAUD-VAILLANCOURT, «Enseigner l'accord des participes passés par des exemples "oui" et des exemples "non"», *Québec Français*, n° 107, 1997, p. 51-55.
- NADEAU, Marie, «Propositions pour améliorer le transfert des connaissances en orthographe grammaticale», *Québec Français*, numéro hors série, 1999.
- NADEAU, Marie, *La nouvelle grammaire au primaire: la comprendre, l'enseigner*, Document rédigé pour la Comission scolaire Marie-Victorin, 1999.
- TARDIF, Jacques, *Le transfert des apprentissages*, Montréal, Logiques, 1999.
- TARDIF, Jacques, *Pour un enseignement stratégique*, Montréal, Logiques, 1992.
- VIAU, Roland, *La motivation dans l'apprentissage du français*, Montréal, ERPI, 1999.

3 Documents reproductibles

→ manuel: page 118

Nom de l'élève ______________________

Date ______________________ Groupe ____________

9 Marina a encore un peu de mal à repérer les GN. En révisant son texte, voici les traces qu'elle a laissées.

Le (diamant) est une (substance) naturelle . On le (trouve) dans le sol .
D N — GN   D N — GN   D N — GN

Ces (joyaux) sont extrêmement durs , ce sont des (pierres) éternelles .
D N — GN   N — GN

Elles peuvent résister à des températures élevées . Quelques diamants

servent à faire des (bijoux), mais beaucoup d'autres sont utilisés pour faire
D N — GN

des (scies) qui tranchent (n'importe quoi).
D N — GN   N — GN

a) **Vérifie si Marina a fait des erreurs dans les traces de GN en indiquant les déterminants, les noms et les adjectifs. Fais les corrections nécessaires en laissant des preuves de ton raisonnement.**

b) **Vérifie si elle n'a rien oublié. Ajoute les traces qui manquent.**

→ manuel : page 131

Nom de l'élève ____________________

Date ____________________ Groupe __________

2. Dans le texte suivant, plusieurs accords dans les GN ont été oubliés. À toi de corriger !

Dans la forêt , beaucoup d'animal doivent se défendre pour assurer leur survie .

Pour y parvenir , les bête utilisent des armes redoutable comme des dent pointue ,

des griffent tranchante ou des cornes terribles . Certains animal ont

une glande spécial qui fabrique du venin . Ces bête sont des usine chimique .

Elles possèdent des organe spécial qui fabriquent des substance toxiques .

a) **Repère tous les GN de ce texte.**

b) **Dans chaque GN, vérifie les accords en laissant toutes les traces nécessaires.**

Au besoin, vérifie le genre d'un nom dans un dictionnaire.

Nom de l'élève ____________________

Date ____________________ Groupe ____________

3 Gédéon a écrit un texte sur un animal merveilleux. Son texte comporte plusieurs erreurs. Lis-le attentivement.

Mes animals préféré sont les dauphins.

GN GN

Ce sont des créature intelligentes et très rigolote .

GN

Je les ai choisis parce que la forme de leur bouche

GN GN

leur donne une mine rieuse . Ils ont une peaux lisse et clair .

GN GN GN

Ces beaux acrobate extrêmement habile habitent dans les océans .

GN

(Voir la suite du texte sur le document reproductible 8-3 *b*)

a) **Vérifie le travail de Gédéon et complète ses traces en indiquant les déterminants, les noms et les adjectifs, ainsi que le genre et le nombre du GN (au besoin, va revoir les traces à la page 130 dans le manuel).**

b) **Laisse les traces de ton raisonnement et apporte les corrections nécessaires.**

Nom de l'élève ______________________________

3. **L'accord dans le GN: des cas difficiles**

→ manuel: page 139

Date ____________________ Groupe ____________

3 Gédéon a écrit un texte sur un animal merveilleux. Son texte comporte plusieurs erreurs. Lis-le attentivement.

(Ceci est la suite du texte du document reproductible 8-3 *a*)

On dit que ce sont des (mammifères) parce que les (femelles)

GN GN

allaitent leurs petits . Elles les (nourrissent) de riche (lait) chaud .

GN GN

Ces étonnant (mammifères) marin respirent par un petit (trou)

GN GN

sur le (crâne). Quand il nage , le (dauphin) envoie des (ondes) sonores .

GN GN GN

Grâce à ces (signal), il s'oriente dans la (mer) et localise sa nourriture .

GN GN

a) **Vérifie le travail de Gédéon et complète ses traces en indiquant les déterminants, les noms et les adjectifs, ainsi que le genre et le nombre du GN (au besoin, va revoir les traces à la page 130 dans le manuel).**

b) **Laisse les traces de ton raisonnement et apporte les corrections nécessaires.**

Nom de l'élève ______________________________

Date ______________________ Groupe ____________

3. On a demandé à Marthe de repérer les verbes conjugués dans le texte qui suit. Voici son travail.

Zénon participe à une course contre Magali , sa rivale . Un caillou glisse dans
V V

une des chaussures du garçon . Il tire sur son lacet . La jolie boucle devient
V

un nœud impossible à défaire ... Zénon hurle et fait une colère terrible .
V

Magali sourit d' un air moqueur . C' est toute une épreuve pour Zénon !
V

a) **Vérifie si Marthe a fait des erreurs en repérant les verbes. Laisse des traces de ton raisonnement.**

b) **Raye les erreurs d'analyse et ajoute les traces qui manquent.**

Nom de l'élève ____________________

2. Repérer le sujet

→ manuel: page 153

Date ____________________ Groupe __________

2. Lis la suite de l'histoire de Capucine et de son crapaud.

a) Le lendemain , Capucine observait son crapaud .

b) Soudain , des larmes apparaissent et coulent le long des joues du crapaud .

c) Un étrange sentiment monte en Capucine .

d) « D'habitude , les crapauds ne pleurent pas », pense la jeune fille .

e) Le prince regarde Capucine droit dans les yeux .

(Voir la suite du texte sur le document reproductible 9-2 *b*)

- **Repère le GN-S et le verbe conjugué de chaque phrase. Pour chacun, laisse des traces.**
- **Fais une flèche allant du GN-S au verbe.**

→ manuel: page 153

Nom de l'élève ______________________________

Date ______________________ Groupe ____________

2. Lis la suite de l'histoire de Capucine et de son crapaud.
(Ceci est la suite du texte du document reproductible 9-2 *a*)

f) Son secret atteint enfin Capucine .

g) L'animal bondit de joie .

h) La demoiselle saisit le crapaud et dépose un délicat baiser sur sa tête .

i) La magie opère .

j) La créature se transforme en prince grognon et insupportable !

- **Repère le GN-S et le verbe conjugué de chaque phrase. Pour chacun, laisse des traces.**
- **Fais une flèche allant du GN-S au verbe.**

DOCUMENT REPRODUCTIBLE 9-3

2. Repérer le sujet

→ manuel : page 153

Nom de l'élève ______________________________

Date ______________________ Groupe __________

3. Léon a imaginé une suite à l'histoire de Capucine. Voici son travail.

[Grapine la sorcière] lit son journal préféré. Une petite annonce attire

GN-S V

son attention. [Une certaine Capucine] cherche une sorcière.

V GN-S V

Un balai magique transporte [Grapine] chez Capucine. La demoiselle explique

V GN-S V

son problème. [Un prince grognon] habite chez elle. « Voici la solution,

GN-S

dit [la sorcière]. [Votre prince] deviendra un gentil crapaud ! ».

V GN-S GN-S

Léon a repéré les verbes et leur GN-S. Vérifie son travail en laissant des traces de ton raisonnement. Raye les erreurs d'analyse et ajoute les traces qui manquent. → manuel : page 152

→ manuel: page 168

Nom de l'élève ______________________________

Date ______________________ Groupe __________

1. On a demandé à Lucie d'encadrer les verbes dans les phrases ci-dessous. Voici son travail.

a) Yann rencontre Mili au parc .
V

b) Cette rencontre enchante Yann .
V

c) Mili est pilote.
V

d) Elle pilote depuis presque 8 ans .
V

e) Un village éloigné commande des livres et des médicaments .
V

f) Millie dépose cette commande dans son avion .
V

- **Vérifie si Lucie a fait des erreurs en repérant les verbes conjugués. Laisse des traces de ton raisonnement.**
- **Raye les erreurs d'analyse et ajoute les traces qui manquent.**

Nom de l'élève ______________________________

Date ______________________ Groupe ____________

7 Voici l'histoire d'un drôle de concours. En révisant son texte, Gilles a encadré les verbes conjugués et a mis les GN-S entre crochets.

a) Les pinceaux d'[un peintre célèbre] votent pour élire la plus belle couleur.
GN-S V

b) [Le bleu nuit et le jaune vif] se partagent également les votes...
GN-S V

c) [La communauté] semble incapable de choisir la couleur idéale.
GN-S V

d) [Le grand chef des couleurs de l'arc-en-ciel] décide ceci :
GN-S V

[le bleu et le jaune] doivent s'affronter.
GN-S V

(Voir la suite du texte sur le document reproductible 9-5 *b*)

- **Vérifie le travail de Gilles. Laisse des traces de ton raisonnement. Raye les erreurs d'analyse et ajoute les traces qui manquent.**

→ manuel: page 170

Nom de l'élève ______________________

Date ______________________ Groupe ____________

7 **Voici l'histoire d'un drôle de concours. En révisant son texte, Gilles a encadré les verbes et a mis les GN-S entre crochets.**
(Ceci est la suite du texte du document reproductible 9-5 *a*)

e) Toutes les couleurs observent [le duel entre le bleu et le jaune].
V GN-S

f) Après un moment, le bleu se mêle au jaune.
V

g) Tout à coup, le public se tait.

h) [Une autre couleur], la plus belle au monde, apparaît dans toute
GN-S V

sa splendeur : le vert de la paix !

- **Vérifie le travail de Gilles. Laisse des traces de ton raisonnement. Raye les erreurs d'analyse et ajoute les traces qui manquent.**

→ manuel: page 180

Nom de l'élève ____________________

Date ____________________ Groupe __________

5. Hughes se demande si ses verbes sont bien accordés. Lis son texte.

Antoinette entres dans l'étable pour seller son cheval noir .

Depuis de longues minutes , Zorro est là , près du cheval noir .

Ils se rencontre pour la première fois depuis le matin .

L'heure est grave . Les deux jeunes s'observes du coin de l'oeil .

Un duel se préparent .

(Voir la suite du texte sur le document reproductible 9-6 *b*)

Tous les verbes sont-ils bien accordés ? Pour le savoir, vérifie chaque finale de verbe en appliquant la procédure de révision complète.

DOCUMENT REPRODUCTIBLE 9-6 *b*

4. **Le présent de l'indicatif**

→ manuel : page 180

Nom de l'élève ____________________

Date ____________________ Groupe ____________

(Ceci est la suite du texte du document reproductible 9-6 *a*)

5. Hughes se demande si ses verbes sont bien accordés. Lis son texte.

Les adversaires sont face à face , une main derrière le dos .

«Roche , papier , ciseau ! », dise les adversaires . Zorro présente le poing

fermé . Antoinette a la main ouverte pour envelopper le poing de Zorro .

— Roche ! crit Zorro .

— Papier ! lance Antoinette . Je gagnes ! Ce soir , tu laves la vaisselle !

Tous les verbes sont-ils bien accordés ? Pour le savoir, vérifie chaque finale de verbe en appliquant la procédure de révision complète.

Nom de l'élève ______________________________

4. Le présent de l'indicatif

→ manuel : page 181

Date ______________________ Groupe __________

8 Claire ne maîtrise pas tout à fait l'accord du verbe. Elle a commencé à réviser son texte. Voici ses traces.

[Jacob et Boris, des chevaliers,] galopent dans la campagne. Ils désir
GN-S V Pron-S V

parler au roi. Soudain, ils rencontre deux dragons ! [Les chevaliers] hurles
GN-S V

de terreur. [Boris] se sauve, mais [Jacob] s'évanouit. [Valérie, la princesse
GN-S V GN-S V GN-S

aux cheveux couleur de feu,] arrive à la course. [Sa chevelure] calment
V GN-S V

les dragons. [Les bêtes] se couchent et ronronne comme des chats !
GN-S V

(Voir la suite du texte sur le document reproductible 9-7 *b*)

a) **Vérifie le travail de Claire et laisse des traces de ta procédure de révision.**

b) **Raye les erreurs d'analyse et ajoute les traces qui manquent.** → manuel : page 178

4. Le présent de l'indicatif
→ manuel: page 181

Nom de l'élève ____________________

Date ____________________ Groupe __________

(Ceci est la suite du texte du document reproductible 9-7 *a*)

8 **Claire ne maîtrise pas tout à fait l'accord du verbe. Elle a commencé à réviser son texte. Voici ses traces.**

«Vilains dragons ! [Vous] oser sortir du château ? Je [vous] ordonnes
Pron-S V Pron-S V

de rentrer tout de suite à la maison », dit Valérie .
V

Les dragons fil . [Valérie] prend la brouette du jardinier .
GN-S V

[Elle] soulève le chevalier évanoui et le mes dans la brouette .
Pron-S V

La princesse le transporte au château .
V

a) **Vérifie le travail de Claire et laisse des traces de ta procédure de révision.**

b) **Raye les erreurs d'analyse et ajoute les traces qui manquent.** → manuel: page 178

Nom de l'élève ____________________

Date ____________________ Groupe ____________

9 Tif le dragon confie sa peine à un journal. Lis son texte.

Cher journal,

Les autos , je les soulèves d'une seule patte . Mes puissantes mâchoires

de dragon croquent les arbres . Je peus cracher du feu . Mais je suis

quand même un dragon triste . Je veut me faire des amis .

Tout le monde se sauvent de moi . Dans la cour d'école , on m 'ignore .

Je me demande pourquoi . Ma peine est grande . Ma mère et mon père

me console parfois .

Vérifie l'accord de chaque verbe conjugué. Utilise la procédure que tu connais.

Nom de l'élève ______________________________

Date ______________________ Groupe __________

6 Voici un texte que Pierre a écrit. Prends connaissance de son travail. Tu devras le corriger.

[J'] ai fait un rêve .[J'] étais un oiseau, mon frère aussi . Nous volions très haut .

Au sol , [les maisons] semblaient toutes petites . Les autos , [je] les prenaient

pour des fourmis ! [Les arbres de la forêt] ressemblait à des brocolis . Après un

moment , nous voulions grignoter .[Les autres oiseaux] mangeaient des mouches

et des vers de terre . Ouach !!! [Mon rêve] a viré au cauchemar . Ma mère et mon

père m' [on] réveillé . ... Au prochain rêve , [j'] emporterai un sac de provisions !

a) **Vérifie tous les mots encadrés et tous ceux entre crochets. Complète les traces.**

b) **Vérifie l'accord de tous les verbes. Laisse les traces nécessaires.**

→ manuel: page 197

Nom de l'élève ______________________________

Date ______________________ Groupe __________

8 **Voici une entrevue dans laquelle le Père Noël (le vrai) explique son retard à livrer quelques cadeaux en décembre dernier. Malheureusement, quelques verbes sont mal accordés dans ce texte. Trouve-les et corrige-les en laissant des traces !**

Journaliste : Bonjour Père Noël . Racontez-nous votre mésaventure .

Père Noël : Pendant que je distribuait des cadeaux, une cheminée brillait au loin .

Elle semblais si belle ... Je n'avais rien à livrer là , mais j'ai décidé d'y

descendre quand même . C'est alors que ma botte gauche a glissé dans un trou .

J. : À ce moment, est-ce que vous avez crié ?

P. N. : Non . Je cherchais une solution quand mon téléphone portable a sonné .

(Voir la suite du texte sur le document reproductible 9-10 *b*)

Nom de l'élève ______________________________

Date ______________________________ Groupe ______________

8 Voici une entrevue dans laquelle le Père Noël (le vrai) explique son retard à livrer quelques cadeaux en décembre dernier. Malheureusement, quelques verbes sont mal accordés dans ce texte. Trouve-les et corrige-les en laissant des traces !

(Ceci est la suite du texte du document reproductible 9-10 *a*: *Le Père Noël raconte que son téléphone venait de sonner, alors qu'il était pris dans une cheminée…*)

Père Noël : La Mère Noël , un peu inquiète , me demandais ma position .

Ses radars ne me détectait plus ... Nous avons décidé d'envoyer les lutins

à ma rescousse . Les secours ont été rapides . J'ai pu terminer ma tournée .

J. : Est-ce que vous avez tiré une leçon de votre aventure ?

P. N. : Bien sûr ! J'attendrai d'être en vacances pour faire mes explorations !

De plus , Mère Noël et quelques lutins voyagerons avec moi pour m'aider .

→ manuel : page 204

Nom de l'élève ____________________

Date ____________________ Groupe __________

1 Dans le texte suivant, repère tous les participes passés. Pour chacun, laisse des traces.

Tourmaline a trouvé un mystérieux ballon accroché à un arbre. Dessus, on avait inscrit

des mots dans une langue qu'elle ne comprenait pas. S'agissait-il d'un message

qu'un espion avait envoyé à un agent secret ? Était-ce un ballon qui avait traversé le ciel

de plusieurs pays ? Tourmaline était troublée par ces questions. En allant au parc,

elle a rencontré Vladimir et lui a montré l'étrange ballon. Vladimir a souri à Tourmaline :

« Ton ballon ne vient pas de l'autre bout du monde, il vient de chez moi ! Sur le ballon,

on a écrit *Joyeux anniversaire* en polonais. Hier, c'était ma fête ! » « Aujourd'hui,

j'ai appris quelque chose, a confié Tourmaline à son journal. Vladimir a le plus beau

sourire du monde ! »

Nom de l'élève ____________________

Date ____________________ Groupe __________

5 Dans le texte ci-dessous, repère toutes les erreurs.

Je m'appelle Luce . J' ai rêvé que j' étais devenu un poisson . J' avais

des nageoires lustrés et de fines écailles bleues . J' étais soulevée par les vagues .

C' était vraiment bien . J' étais émerveillé par les coquillages déposer au fond

de l'eau . Tout à coup, j' ai traversé des eaux pollués . Malheur ! J' étais pris dans

une marée noire ! J' étais découragée , mais j' ai réussie à me libéré de cet enfer .

(Voir la suite du texte sur le document reproductible 10-2 *b*)

a) **Vérifie l'accord de tous les participes passés.**

b) **Vérifie aussi si on a mélangé l'infinitif (-*er*) et le participe passé (-*é*).**

Nom de l'élève ______________________________

Date ______________________ Groupe __________

5 Dans le texte ci-dessous, repère toutes les erreurs.

(Ceci est la suite du texte du document reproductible 10-2 *a* : *Lucie raconte son dernier rêve dans lequel elle était un poisson.*)

Je suis descendu dans le fond de l'eau pour me reposer sur les coraux ,

mais un crabe géant a mordu ma queue. Franchement , la vie de poisson

n' est pas de tout repos . Au moment où un gros poisson gris a foncer

sur moi en ouvrant la gueule , ma mère est venu me réveillé .

J' étais soulagée jusqu'à ce que je remarque sa queue de poisson ...

a) **Vérifie l'accord de tous les participes passés.**

b) **Vérifie aussi si on a mélangé l'infinitif (-*er*) et le participe passé (-*é*).**

DOCUMENT REPRODUCTIBLE 14-1

Des régularités orthographiques

→ manuel: page 231

Nom de l'élève ______________________________

Date ______________________ Groupe __________

6 Lis le texte ci-dessous.

Amandine l'inprudente a grimpé sur un conptoir pour prendre une friandise

dans sa boîte rouge. Malheureusement, elle a fait un plongon et elle est tombée

sur son petit nez retrousé. Guy a appelé les secours. Les anbulanciers, fatigés

par leur travail exigant, ont emmené la blesée à l'hôpital. Pauvre Amandine!

Elle aurait préféré un tour de carrosse volant! Rendue à l'urgence, elle a eu

peur des aiguilles, mais elle n'a pas pleuré.

Quand France a appris que la petite avait retenu ses larmes, elle lui a

offert un sucon en sucre d'orge couvert d'un déliçieux glacage blanc!

Repère les mots mal écrits. Récris-les en les corrigeant.